釈迦の教えは「感謝」だった

悩み・苦しみをゼロにする方法

小林正観

風雲舎

〈はじめに〉

「思いどおりにしよう」とするのをやめ、「受け容れる」

これこれこういうことがあって落ち込んでいる、つらい思いをしていると、悩み・苦しみを訴えてくる人がいます。

不思議なことに、そういう訴えをしてくる人は、年に何度も、あるいは何十度も、私に電話をしてきます。

そして、その内容が毎回異なっている……。

つまり、ずっと悩んでいるというのではないようです。何か事件やできごとがあるたびに、ショックを受け、落ち込んでいる——という図式です。

神経が細いとかタフではないとか、そういうタイプの人は、できごとや現象を、自分に心地よいものにするという解決方法ではなく、「受け容れる」という方法で、かなりの部分が解決するように思います。

子供が勉強しない――受け容れる。

上司が厳しい言葉ばかり言う――受け容れる。

夫が病気になった――受け容れる。

受け容れないで、現象のほうを「自分の思いどおりにしたい」と思ったところから、悩み・苦しみが始まっているように思います。


釈迦が言った「苦」とは、「思いどおりにならないこと」という意味でした。だから「思いどおりにしよう」とするのをやめ、「受け容れる」。「受け容れる」と、誰のためでもない、もっとも得をするのは「自分」です。自分自身が楽になるのです。

釈迦は二千五百年前にその構図を発見したのではないでしょうか。それを後世に伝え、理解できた人は楽になると知って、「般若心経」に残したのではないでしょうか。

さらに、「受け容れる」ことを高めていくと、「感謝」になる。
釈迦の教えは、結局は「感謝」につながっているのです。

この本を書くにあたり、風雲舎の山平さんにはほんとうにお世話になりました。この場を借りて心より御礼申し上げます。

四月吉日

小林正観

カバー装幀――山口真理子
カバー絵――奈良　達雄

釈迦の教えは「感謝」だった——目次

〈はじめに〉

【第一章】◉人間をじいっと観察してきた

【第二章】◉人はなぜ悩み、苦しむのか

【第三章】◉「苦」とは、思いどおりにならないこと

【第四章】◉「般若心経」は難しくない

【第五章】◉受け容れる

【第六章】◉有り難し

[第九章]◉釈迦の教えは、「感謝」だった

[第一章]◉人間をじいっと観察してきた

じいっと観察していくと、人間はおもしろい

江戸川乱歩が私の人生に大きな影響を与えたように思います。

小学生の頃、江戸川乱歩が書いた『怪人二十面相』という作品を、私はけっこう夢中になって読んでいました。なぜ、『怪人二十面相』だったかというと、そこに登場する人物に小林少年という人が存在したからです。怪人二十面相を追っかける主役が明智探偵、その手足となって怪人二十面相を追っかけるのが小林少年と少年探偵団という設定でした。小林少年、そう……私の名字・小林と少年時代の彼とが私の中で合致したのです。

もともといろいろおもしろがる癖はあったのですが、そういうものに興味・関心を持ち、おもしろがる小林少年を、江戸川乱歩が刺激してくれました。小林少年が、もし高橋少年であったり、中村少年であったり、鈴木少年であったりしたならば、今日の小林正観という、いろんな現象を研究する人間はこの世

に存在していなかっただろうと思います。

本物の小林少年は江戸川乱歩をはじめ、エラリー・クィーン、アガサ・クリスティなどを読みふけりました。『Xの悲劇』『Yの悲劇』『Zの悲劇』（エラリー・クィーン作）などは、小林少年を夢中にさせてくれました。その探偵小説の中でも特におもしろかったのが、シャーロック・ホームズのシリーズでした。わが家にはいまもってシャーロック・ホームズの全シリーズが揃えてありますが、このシャーロック・ホームズが大変おもしろい存在だったのです。

シャーロック・ホームズを読んだ人は分かると思いますが、作者のコナン・ドイルその人が怪奇現象や超常現象に興味を持ち、その自分の研究の一端を作品の中に生かす人でした。シャーロック・ホームズの物語の中には、人間観察の微妙な部分がたくさん出てくるのです。小林少年はシャーロック・ホームズの演ずる物語を読み、その人間観察の目の鋭さや分析に驚愕《きょうがく》し、驚嘆し、さらに感心し、尊敬もし、ものすごくおもしろい世界があるものだなと思ったのです。

私は小学生の頃からそういう探偵小説を読みふけっていました。中学・高校と、一人であちこちを旅することがありました。もともと未知なるものが好きという志向性が私の中にあるようで、未知なるところに行くこと、未知なる人に会うこと、未知なる本に出会うこと——そういうものを非常におもしろがる心が私の中に存在していました。

「ユースホステル」という若者を安く泊めてくれる宿を頼りに、私は若い頃、ずいぶん旅をしたのです。当時は空前の旅行ブーム。私が大学生になる頃には、「ディスカバー・ジャパン」などという国鉄（JR）によるキャンペーンも行われ、多くの人が旅に出かけ、日本を再発見しました。

そういう宿の行く先々で、泊まっている二十人、三十人、四十人という人々を私はまるでシャーロック・ホームズのように人間観察を続けたのです。物語の中のシャーロック・ホームズのように、じいっとその人を観察していると、その人の小さなところから、いろんな背景が見えてくる——これが大変おもしろいものでした。

例えば、ある依頼人がシャーロック・ホームズの事務所に来ます。その時、ホームズはこう言いました。

「あなたは玄関先まで馬車で来たのですね」

その依頼人は大変驚きます。

「ええっ、どうしてですか。どうして分かるのですか」

ホームズは笑ってこう言います。

「あなたの靴は汚れていないではありませんか。今日は一日ずっと雨でした。玄関先まで、もし歩いて来たのであれば、必ず靴が汚れているはずです。でも、まったく汚れていない。それは玄関先まで馬車で来たことを意味していますよね」

そういうような人間観察が私にはたまらなくおもしろく、魅力的でした。私は旅先の宿々で、人間観察をじいっとしていたのです。

しかし、誤解があるようだと困るので言っておきます。あら探しの否定的な目で人を見ていたのではありません。人間というのがとてもおもしろい、一つひとつの小さな情報の中にいろんなものが隠れている。そういうことを読み取りたいということが目的でしたから、この人間は嫌な人間なのだろうかとか、この人間はほんとうは詐欺師《さぎし》のような人間なのではないかとか、そういう目で人を見ていたのではありません。ですから、たぶんそんなに暗い目はしていなかったと思いますし、人間観察の目もそれほど嫌な目ではなかったと自分では思っています。

高校三年を終えて、大学受験に失敗した私は浪人をしました。一浪してから大学を受け直して大学生活を送ることになりました。浪人時代、四、五カ月経った夏のある日、北海道に旅をしました。ある宿で三人のＯＬに出会いました。この人たちは年齢が二十六、七、八くらいだと言っていましたが、この三人のＯＬさんが、なんと私を「お兄さん、お兄さん」と呼ぶではありませんか。

たぶん……というしかないのですが、それ以後その三人にお会いしたことはないので、その時のことを聞く術《すべ》はもうすでにありません。その三人は、私が柔らかな目で一人ひとりをじいっと観察をしている、穏やかな目で人をじいっと見つめているというその態度を見て、自分たちよりもいくつか年上の社会人だと思ったらしいのです。

「恋人がいるんです。何年も付き合っているんです」とか、

「会社を辞めたほうがいいでしょうか、どうしよう、どうしたらいいでしょうか」というような相談を三人から受けました。

　翌年の春、大学に入学することができた私は、それ以降、春休み、夏休み、冬休み、あるいは連休を使ってあちこち旅に出かけることになります。旅が好きであった（未知なるものが好きであった）小林青年は、旅や旅先に待ち受ける未知なる人に大変多くの情報や知識を学んだのです。私にとって、旅は未知なるものを提供してくれるありがたい無尽蔵の世界でした。

　ところが、その旅は、私に大きな大きな変化をもたらします。十八、十九、二十歳という若さで、大学生であり社会人でもない私に、旅先で多くの旅人が人生相談を持ち込んできました。中学生からずうっと人間観察をしてきた私は、

「こういう手相・人相の人は、こういう傾向を持っている」

というようなことが、すこしずつ分かりかけてきたのです。

宿に泊まるたびに宿のオーナーが、

「この人は、人相・手相を見ることができる。よく当たるから見てもらいなさい」

というような紹介をしました。泊まり客も二十代の男女がほとんどでした。悩み・苦しみやいろんな問題を抱えている時代だったのでしょう。ほとんどの人がその宿の主の勧めで、

「手相を見て、人相を見て」

と私に言ってくることになりました。二十代、私は、朝日が昇る前に寝た記憶がほとんどなかったように思います。毎晩毎晩、二十人、三十人の人相・手相を見て、明け方までお話をしていました。一人三十分、人相・手相を見たとして、三十人見ると十五時間です。夜の八時から始まったとして、十二時間で午前八時です。朝食までそのまま一睡もしないでしゃべり続けるということが

よくありました。

旅先では、私は十八、十九、二十歳の頃から、三十二、三歳に見られていました。ひと言でいうと、老けていたということになります。三十二、三歳に見られるというのは実際には四十二、三歳まで続きました。つまり、私の場合は三十二、三歳に見られていた時間がなんと二十年にも及んだことになります。

落ち着いたしゃべり方をする、抑揚のないしゃべり方をする、感情的に動揺が少ないしゃべり方をする――そのような話し方が、私をかなりの年上に見せていたのかもしれません。別に年を上に見せようと思って振る舞っていたわけではありません。ただ、中学生の頃からじいっと人を見つめ、なるべく柔らかい目で見つめるようにはしたのですが、ほとんど瞬《まばた》きをせずにじいっと見つめるというような見つめ方でしたから、それを外から見ている人には、ずいぶんと年上の人に見えたのかもしれません。

こうして二十代は、ずいぶん旅をしました。大学在学中から旅行作家という職業で食べられるようになっていましたので、大学卒業後もそのまま就職の経験がまったくなく、どこにも勤めたこともなく、旅行作家として今日まで来ました。

大学時代にも年間一五〇日から一八〇日ほど旅をしていましたが、大学を卒業してからは、一八〇日から二四〇日ほども旅をしていました。旅をすることが好きだったのですが、旅をすることが仕事にもなっていたのです。

仮に年間一五〇日としましょう。一五〇日間、毎日、三十人の人相・手相を見て四千五百人です。そんな生活が二十歳から四十五歳ぐらいまで二十五年ほど続きました。四千五百人×二十五年で、およそ十万人という数字になります。

私は、こうして三十数年の間に、十数万人の人相・手相を見て来ました。

そして、人相・手相を見た結果として、その人たちが、

「正観さん、私が見てもらった人相・手相は事実と違います。私の今までの過去の経過と違います」

という指摘を受けたのが何パーセントぐらいかというと、ゼロパーセントで

した。

「ほんとによく当たりますねえ」という評価はいただいたものの、「それ、ぜんぜん当たってません、違っています」というふうに言われたことは、過去に一度もないのです。

私は誰かから、人相・手相を教わったわけではありません。ただ、冒頭に述べたように、若い頃から、じいっと人間観察をし、その中から隠れた情報を読み取るということを興味深くやってきました。それはシャーロック・ホームズがそのようにしていたということが、若き小林少年に多大な影響を与えたのです。そして、若き小林少年に多大な影響を与えたシャーロック・ホームズの出発点は、江戸川乱歩の『怪人二十面相』の小林少年でした。

さて、その十数万人の人相・手相を見、さらにそこから人間の情報や特徴を引き出すというつもりで見ていた小林青年の目からすると、人間というのは非常におもしろいものでした。しかも、その十数万人の人たちは、ほとんどが人相・手相が当たっていたという理由からでしょうか、一歩進み出て、

「実は、私、これこれこういう問題を抱えているんですが、どうしたらいいでしょうか」

という人生相談を始めるのでした。

過去四十年の中で、私に持ち込まれた人生相談（これはほとんど旅先の宿でなされたものですが）は、累計でたぶん十万件ぐらいになると思います。私のようにおもしろくて楽しい状況を与えられた人間は、そうそういないのではないでしょうか。

自分の意志で、自分の費用で、自分の好きな時に自分の好きなところへ取材に行くことができるという状況を、若い時から与えられていたのです。私は好きな時に好きな所へ行くことができました。取材の依頼を待って行くというよりも、自分の費用でいつも自分の好きなところへ行くことができたのです。

その結果、膨大な人に会うことになりました。十万人ほどの人から人生相談を受けた、このようなおもしろくて楽しい状況を与えられてきたのです。

そして、何よりもすごいのは、その十数万人の人相・手相を見たその現場で、たくさんの人から人生相談を受けたということでした。

その結果、

「この手相の人はこういう問題をかかえている。こういうことに悩んでいるのだ」という因果関係をも把握することができるようになったのです。

その人の顔を見ると、

「こういう問題を抱えている人なのではないだろうか」ということが、経験的、体験的に分かってきました。

顔を見ただけで、手を見ただけで、その人がどのような人生上の問題を抱えているかが、ほぼ分かるようになったのです。

二十代の時もそうでしたが、三十代、四十代になってからの宿々での人相・手相による人生相談は、ほんとうに毎日繁忙を極めました。毎日、毎日、何十人かの人相・手相を見、その三人に二人ぐらいから人生相談を受け、それについて答えを言い、アドバイスをしていたのです。

幸か不幸か、私にはサラリーマンとしての経験がありません。社会人として、フリーの物書きとして、著述業としては生きてきましたが、サラリーマンとして上司に怒られた、先輩に怒られた、人間関係に悩んだ——というようなことはありませんでした。

どんな人生相談があり、どんな内容に対してはどんな答えを言ったのかということは、今まで私が書いた本の中にかなり詳細に実例を示してありますのでそれを読んでみてください。今ここで、その相談の内容について述べるのは、この本の趣旨と少々異なります。

相談ごとの内容が変わってきた

こうして大勢の人から人生相談を受けてきたのですが、それが、二十世紀の最後の頃、一九九五、六年頃から、様相が変化してきました。一九九五年ぐらいままでは自分のことについて相談する人が多かったのです。自分がどのように生きればよいか、自分に降りかかってくるいろんな問題をどのように処理すればよいか、というような質問が確かに大多数を占めていました。

ところが、二十一世紀の声を聞いたところから、様相が変わってきたのです。どのように変わってきたのか、それは質問の内容がそれまでとかなり様相を異にしてきたのです。

その質問とは以下のようなものでした。

「夫が酒を飲んで夜十二時以降にしか帰ってこない。どうしたらいいか」

「子どもが不登校になってしまった。どうしたらいいだろうか」

「舅《しゅうと》・姑《しゅうとめ》が気の荒い人で、私に対してひどい言葉ばかり投げかけてくる、こういう場合、どうすればいいのか」

「隣の住人が植木の問題について、いろんな難癖をつけてくるが、どう対処したらいいのか」

「叔父・叔母がケンカばかりしていて仲良しではないが、この人たちを幸せにしてあげたい。どうしたらいいか」

その内容は簡単に言うと、
自分の問題以外の問題です。

「他の人たちをどうしたら、どうしてあげたらいいだろうか、どのように変えたらいいだろうか」

というような質問が多くなったのです。

別の言い方をすると、ほとんどの質問が、

「どうしたらこの人たちを、自分の思いどおりの価値に持ち込むことができるか、どうしたらこっちに連れてくることができるか」


というものになっていったのです。

そういうことを問いかける人がすごく増えたように思います。

どうしてそのように変わったかは分かりません。事実として多くの人々の相談ごとの内容が、そういう方向へと変化していったのです。

[第二章]◉人はなぜ悩み、苦しむのか

お釈迦さまの対応

時を同じくして、お釈迦さまが二千五百年前に、こんなことをやっていたという文献を読むことになりました。お釈迦さまは、その人本人のことを持ち込まれた場合は、懇切丁寧《こんせつていねい》に、親身に相談に乗ってあげたそうですが、

他人の問題を持ち込まれた時には、黙って目を閉じ、結跏趺坐《けっかふざ》して瞑想《めいそう》に入ってしまったそうです。

これはおもしろい話でした。

目が開かされた気がしました。

私の目の前に展開しているいろいろな相談ごとというのが、まさに他人の問題を持ち込む話ばかりだったのです。子供のこと、母や父のこと、叔父叔母・

親戚のこと、友人・仲間や恋人のこと、会社の上司や部下のこと――よくぞまあと思えるほどに次から次へと、まるで熊手でかき集めるように、「他人にこうなってほしい、ああなってほしい。自分と同じ価値になってほしい」

という「相談ごと」ばかりになったからです。

目を閉じて結跏趺坐してしまうお釈迦さまとは逆に（まったく逆に）、私自身の目が見開かされた思いでした。

お釈迦さまは黙って目を閉じた……ということを知って、

「ああ、そうだったのですか……！」

「なるほど、お釈迦さまもそうお考えだったのですか……！」

と納得がいきました。モヤモヤしていた想いが、一瞬、すっきり晴れたような気分でした。

私は仏教徒ではありません。もちろんお釈迦さまのことは知っていますが、仏典をそらんじている仏教学者でも、その教えを恭《うやうや》しく承っている敬虔《けいけん》な信徒でもありません。お釈迦さまの教えを体系的に学んだこともありません。

私がそれまで受けてきた相談ごとというのがどんどん変化していって、自分の悩み・苦しみから他人のことへと変化していったこと。それはいったいなぜだろうと、私自身が不思議に感じていたこと。

ふと考えてみると、他人についての相談ごととは、その実、相談とは名ばかりで、結局それを凝縮《ぎょうしゅく》してみると、他人を自分の思いどおりにしたいだけではないか。自分がどう生きるかではなくて、自分以外の人間をいかに自分の思いどおりの価値に連れ込んでくるか、いかに自分の価値どおりの人にできるか、要するに他人を自分の思いどおりにしたいだけなのではないかと思うようになったのです。

「悩み・苦しみって、自分の思いどおりにすることだっけ……？　そういうことを悩み・苦しみっていうんだっけ……？」

というふうに、私自身が思うようになりました。そんな日々が数年続いて、ある日ふと思ったのです。

「ああ、もしかしたら、悩み・苦しみとは、思いどおりにならないこと、という意味ではなかったのか……」

「はるか昔、二千五百年も前に、お釈迦さまはそのことをちゃんとご存じだったのですね」

「それにしてもすごい人がいたんだな、二千五百年も前に……」

と合点がいったのです。私が、どうもおかしいなと感じていた疑問に、お釈迦さまはちゃんと答えを出していました。

釈迦の言った「苦」とは

二千五百年前、お釈迦さまはこう言いました。

「人生は苦に満ちている」

これを「苦諦《くたい》」と言います。その苦の根元は執着である。執着すること——。集めるという字を書いて、「集諦《じったい》」と読みます。この根元である執着をなくすことで、人間は悩み・苦しみから救われるのではないかと考えた三つ目の悟り、これを「滅諦《めったい》」。滅すれば楽になるという考え方です。

四つ目の悟り「道諦《どうたい》」。「道《どう》」とは行うこと。つまり、心に浮かんでくるその執着のいろいろなことを滅すればいいのだというふうに、実践を一つずつ日常的にやっていくこと、これが「道諦」というものでした。

苦《く》・集《じゅう》・滅《めつ》・道《どう》——その四つの悟りを「四諦《したい》」と呼びました。

執着が悩み・苦しみの根元であるということが分かれば、その執着を取り去っていくことが、悩み・苦しみをなくすことだということが分かりました。ですから実際にそのようにやってきたら、ほんとうに悩み・苦しみがなくなってしまいました。

四苦八苦

ところで、釈迦が言った「苦」というのは、実は、不幸や悲劇、病気や事故が向こうから降ってくるという意味ではなくて、かなり具体的に、釈迦によって規定されていたのです。

釈迦はその苦しみを「四苦八苦」と名づけました。四苦と八苦で十二苦あるわけではなくて、四苦にさらに四つの苦しみを加え、四苦と四苦で「八苦」、合計で八つの苦しみと書いて「八苦」と言います。

「四苦八苦」の「四苦」は、生《しょう》・老《ろう》・病《びょう》・死《し》です。

そして、五番目の悩み・苦しみは、

愛別離苦《あいべつりく》。愛している人と別れなければいけない苦しみ。

六番目、怨憎会苦《おんぞうえく》。怨んで憎んでいる人と会わなければならない苦しみ。

七番目、求不得苦《ぐふとくく》。求めても得られない苦しみ。

八番目、五蘊盛苦《ごうんじょうく》。五蘊があまりにも盛んに働き過ぎているがゆえに苦しいという苦しみのこと。

生老病死という「四苦」は、「宿命」です。自分の意志では変えられないもの、宿っているものです。あとの「四苦」は、「運命」です。運命は、自分の日常生活で生じることですから、変えられる。だから、宿命と運命を、二つに分けたのです。

さて、最後の「五蘊《ごうん》」にはちょっと説明が必要でしょう。

五蘊盛苦《ごうんじょうく》とは、「五蘊」が盛んに働いていることで、それが原因で、実は、苦しみを生んでいるのだということでした。この「五蘊」という言葉が「般若《はんにゃ》心経《しんぎょう》」の中に出てきます。

「般若心経」の冒頭に、

観自在菩薩《かんじざいぼさつ》　行深般若波羅蜜多時《ぎょうじんはんにゃはらみったじ》　照見五蘊皆空《しょうけんごうんかいくう》

と、「五蘊《ごうん》」という言葉が出てきます。

照見五蘊皆空《しょうけんごうんかいくう》

「五蘊《ごうん》」とは、人間の持つ、色《しき》・受《じゅ》・想《そう》・行《ぎょう》・識《しき》の五つの感覚レベルのことを言います。

「色《しき》」とは、形のあるもの、人間の姿形も「色」です。形あるものが「色《しき》」。その形あるものを見て、何かを感じ、受け止めた。これが「受《じゅ》」。その受け止めた結果として、何か想いが生じた。これが「想《そう》」。

その想いの結果として自分の体が動いて、何か行為・行動をしたというのが「行《ぎょう》」。

そして、それがどういう形で収まったかという認識を頭の中に入れ込んだのが、「識《しき》」というものです。

例えば、マリリン・モンローのような素敵な女性がいた。肉体・物体の存在を確認した。これが「色」。

「あっ、美しい、可愛い」と思った、これが「受」。

結婚したいと思った、これが「想」。

走っていって結婚してと申し込んだ、これが「行」。行ったわけです。

そして、バシッとほっぺたを平手で叩かれて、ことが終わった、これが「識」。

「五蘊」とは、ある事象に対して、自分がどう考え、どう感じ、どう動き、どう行ったか、どう認識したか、ということを全部含んだ五つの感覚レベルのことをいうのです。

観自在菩薩《かんじざいぼさつ》　行深般若波羅蜜多時《ぎょうじんはんにゃはらみったじ》　照見五蘊皆空《しょうけんごうんかいくう》

そうすると、「般若心経」の冒頭は、次のような意味になります。

自在にものを見通す力を持った菩薩さまが深い行《ぎょう》に入られていた時のこと、つまり、人類を救済するためにより深い行に入られていた時のこと、照らし見るに、五蘊はみな空なりとお悟りあそばされた——というものです。

そして、

度《ど》一切《いっさい》苦厄《くやく》

と続きます。

一切の苦厄、悩み・苦しみを此岸《しがん》（私たちが住んでいるこの世、この世界）から彼岸《ひがん》（神仏の住むあの世のこと、理想社会のこと）に連れていくことができる、渡すことができるというのが、「度一切苦厄」ということの意味でした。

もう一度、「四苦八苦」の話に戻ります。

「四苦八苦」の「四苦」とは、

生《しょう》

老《ろう》

病《びょう》

死《し》

さらに、

愛別離苦《あいべつりく》

怨憎会苦《おんぞうえく》

求不得苦《ぐふとくく》

五蘊盛苦《ごうんじょうく》

これが八苦です。

この八苦とは、あれこれの不幸や悲劇が向こうから、宇宙から降ってくるものという意味ではなくて、「思いどおりにならないこと」という意味だったのです。釈迦は、この八つの「苦」を、「思いどおりにならないこと」と規定していたのです。

つまり、

「苦」の本質は、
「自分が思いどおりにしたいのに、それが叶《かな》わないこと」

だと、釈迦は見抜いていました。

釈迦は「般若心経」というお経を通して、後世の人にそのことを伝えたかった。

この宇宙の構造——悩み・苦しみの構造をもし上手に伝えることができたならば、そして後世の人がそれをちゃんと理解することができたなら、理解できた人はその瞬間からまったく悩み・苦しみがなくなるであろう、それによって人類がことごとく救われるのだと、釈迦は喜んだことと思います。ですから、この「般若心経」に教える「苦」の本質というものは、釈迦にとってはとても伝えたかったものに違いありません。

では、どうするか

この世が、自分の思いどおりにならない。

だから苦しい、だから悩む……。

悩み・苦しみが思いどおりにならないことから生じていることが分かったら、思いどおりにならないことをどのように扱うか、ということになります。

西洋的な価値観では、思いどおりにならないことがあれば、人の五倍、十倍、二十倍、三十倍努力をして頑張って、そして自分の思いが実現するまで頑張りなさいと教え込みました。現代の日本の教育は、ほとんどがそこに立脚しています。

明治以降、日本政府が選んだ方向性というのは富国強兵であり、欧米の国々に負けないような国をつくることでした。人間一人ひとりの質を高め、努力をさせ、生産力を高め、能力を高め、そういうことの結果として、国の力が増す――そうすれば日本の国を守っていけるというふうに考えたのです。

その考え方は、国の力を増大させることには確かに寄与したかもしれませんが、ただ個人の幸せということでいうと、反対の方向に歩んだのかもしれません。体をこわす人が多くなり、精神を病む人が多くなり、自分の人生が何のために存在するかが分からないという人も増えてきました。

「上昇志向や達成感が人間には必要じゃないか」

と言う人がいるのですが、それが悩みや苦しみになっていないのであれば、つまりその人の個人的な趣味であれば、それは持っていてもかまわないと思います。

しかし、比べ合うこと、競い合うこと――その比べ合いや競い合いの中から人は抜きん出なければならない、上に上がらなければならないと思い込まされているということに、そろそろ気がついたほうがいいかもしれません。

人は、何のためにこの世に生命・肉体をもらったかというと、比べ合ったり競い合ったり、人より抜きん出るために、その生命・肉体をもらったのではなくて、人は一人で生きていると「ヒト」、人の間で生きていて「人間」なのです。喜ばれる存在になること、人間の間で、人の間で喜ばれる存在になること、そのためにこの世に生を受けました。そこのところが理解できないと、また比べ合うこと、競うこと、上昇志向だとか、自分が他人よりも抜きん出ることとか、そちらの価値のほうに行ってしまうのかもしれません。

話がちょっと脇にそれますが、教育ということを考えさせてくれた一つの例に松下村塾《しょうかそんじゅく》というものがありました。

吉田松陰《よしだしょういん》は塾生に対して、順位づけなどはまったくしませんでした。

「君にはこういう特徴がある、こういう良さがある、こういう方向に向かったらどうか、こういうことを追求していったらどうか」

ということを教えてはあげましたが、順位づけをして、

「成績を上げろ」とか、

「もっとたくさんのことを勉強しろ」

とか、そういう教育をしたのではありません。

寺子屋と寺小屋

私の講演会に小中学校の先生が来てくださる場合があります。この方たちに「てらこや」という文字を書いてもらいました。今まで百人ぐらいの人に書いていただいたでしょうか。九十人ほどの人――大半が、「寺の小屋」、つまりお寺の境内《けいだい》に小屋がけをしてという意味で「寺小屋」という文字をお書きになりました。

本来、正しい漢字は「寺子の屋」、寺・子・屋と書きます。

どういうことかというと、「寺子」とは、境内で遊んでいる子供のことでした。寺の境内で遊んでいる子供、それに対する限りない愛情の証《あか》しとして、「寺子を育ててあげよう、読み書き算盤《そろばん》ぐらいは教えてあげて、世の中に出たときに困らないようにしてあげよう」というのが、もともとの「寺子・屋」の発想でした。

今の学校の先生はほとんどが、その「寺子・屋」のイメージを持っていなくて、寺の中に小屋がけをして予備校のように勉強を教えたところ、という認識でした。今日の勉強、勉強、順位づけ、というようなイメージがかなり強くあるせいだと思うのですが、ほとんどの先生は「寺・小屋」とお書きになるのです。

もともと人間の価値というのは、比べ合うことができません。

走るのが得意な子、

音楽が得意な子、

絵を描くのが得意な子、

文章を書くのが得意な子、

いろんなところに、いろんな個性があります。

走るのが得意な子と音楽が得意な子と、どっちが優れているか、どっちが優秀なのかなどということは言えるものではありません。

それをなぜか現代の教育では、全部数字に置き換えて、順位づけするということをやっているのです。

人間は本来、比べ合ったり、競い合ったり、順位づけをするものではなくて、お互いに存在し合いながら、喜ばれる存在です。助け合ったり、力を貸し合ったり、支え合ったり、そういうふうに生きるということが、人間の本来の生き方でした。

国力を上げるために人間一人ひとりに「もっと努力をしろ、もっと頑張れ、もっと必死になれ」ということを国全体が挙げてやってきたのです。その結果として、私たちは自分たちの有り様《よう》が、人間としての有り様が、「常に自分の尻を叩き、もっと上へ、もっと夢や希望を追いかけ、もっとたくさんのものを手に入れ、ベストを尽くさなければならない」というふうに教え込まれてしまったように思います。

「努力」とはむりやりやらされること

もう一つ、「努力」という言葉についても説明を加えておかなければなりません。

努力の「努」という字は、奴隷の「奴」に「力」と書いて、「努」となります。奴隷の「奴」という字は、女偏《へん》に「又」と書きますが、「又」というのは「手」の象形文字です。手が開いた状態が、「又」という文字の元になりました。奴隷の「奴」は女手《おんなで》という意味になります。女奴隷の力ということになります。

努力の「努」とは、「奴隷にむりやり強制をして力を出させること」。これが努力の「努」になりました。奴隷に命令をし、嫌がる心をむりやりやらせる、その時の「奴隷」の「心」を「怒」というふうに書きます。

つまり「努力」とは、「嫌がるものをむりやりやらされること」というのが本来の意味でした。

「ぼくは努力が好きなんです。私は努力が好きなんです。好きなんだったら、やってもいいじゃないですか」というふうに言ってくる人がいます。努力が好きな人がいてもいいのですが、本来の言葉の意味からすると、努力が好きという場合には「努力」と言いません。嫌がるものをむりやりさせられた時に「努力」と言います。

ですから、自分が好きで、いろんな勉強をし、いろんな研究をし、自分を磨いていくこと、これを「努力」とは呼びません。本来は「自発的に」という意味で、「ボランティア」と表現するのが正しいのです。

ボランティアとは奉仕活動というふうに誤解されている部分がありますが、ボランティアとは、自発的に、自分の意志で、自分が楽しくてやることを言います。

ですから、「ぼくは努力が好きなんです。私は努力が好きなんです。だから、努力をしてもいいじゃないですか」というのは、本来意味が通じません。それは「努力」という言葉にはなじみません。「努力」とは「嫌がるものをむりやりやらされること」というのが本来の意味なのです。

さて、思いどおりにならないことが目の前にある場合に、二つの対処方法があります。

その一つ、西洋文明的な解決方法は、人の五倍、十倍、二十倍、三十倍努力して、その自分の「思い」を思いどおりにすることでした。

もう一つの方法は「思い」そのものを持たないこと。

「思い」がなければ、思いどおりにならないことも生じないのです。思いが強ければ強いほど、その思いが叶わないというストレスが強くなってきます。その結果として、思いどおりにならないことが、強い悩み・苦しみになる——それが心のメカニズムです。

「思い」がなければ、思いどおりにならないという意味での悩み・苦しみは生じません。「思い」が強ければ強いほど、悩み・苦しみが強くなるのです。

「不登校の子供をどうしたらいいか？」

こんなお母さんがいました。

「子供が不登校になってしまいました。どうしたらいいんでしょうか」

ずいぶんこういう相談を受けます。

「ああ、やっぱり自分以外の者をなんとかしたいんですね」と、私はにぃっと笑って答えます。

「自分の問題ではないのですよね。結局、その子供を自分の思いどおりにしたいんですよね。学校に行かせたいという自分の思いに従ってほしいだけですよね」

ということを私はいつもお話します。

つまり、その子が自らの意志でいろんな状況を勘案する――例えば、クラスにいじめっ子がいる。そのいじめっ子の問題を担任の先生に訴えた。けれども、その担任の先生はいじめっ子を呼んで「ほんとうにそうなのか」と問いただしたところ、「いや、そんなことありません。まったくしていません」という答えだった。担任はそれで問題解決だと思い、それ以降、何もしなかった。しかし、そのいじめられていた子供は、つまり不登校になった子供は、そのあとに「お前、先生に告げ口をしただろう」と言われ、そのいじめっ子からさらにいじめられたかもしれないのです。

それを親に対して、間接的にやんわりと訴えたことがあったのかもしれません。そういう場合にも、親が根元的な解決をすることなく、

「先生、うちの子供がいじめられているらしいんですけど、ほんとうなんでしょうか」

と非常に軽く安易な気持ちで先生に相談に行ったのかもしれません。そこでまた先生はいじめっ子に対して、「まだやってるのか、そんなことを」という

ようなことを聞き、いじめっ子のほうが「そんなことしてませんよ」という答えをして、またそこでことが落着してしまったのかもしれない。

その結果として、この子は、親に言っても担任に言っても、問題が解決しないということを学んでしまったのです。

よりいっそう自分を取り巻く状況が苦しく、つらくなるだけで、親も先生も親身になって自分の問題を解決してはくれない。

そういう状況を自分一人で一身に背負っている結果として、この子は不登校という結論を、自分の中で出した。だから、親が、

「なぜ不登校なの、なぜ学校へ行かなくなったの」

といくら問いただしても、もうたぶん、真相や真実を話してはくれないのでしょう。この子は最善の方法として、学校に行かないことを自分の判断で選んだということです。

親は自分に、

「この子を学校に行かせる、行かせなくてはいけない」

という思いがあるものだから、不登校が悩み・苦しみになってくるのですが、その子が不登校という結論を選んだことを丸ごと受け容れてあげたならば、そこに悩み・苦しみは生じません。

つまり、自分以外の人間が自分の思いどおりにならないこと、そして自分の思いどおりにしたいことが、実は悩み・苦しみの本質であったのです。

子供が不登校になった。
では、それを受け容れればよいではありませんか。

不登校である間、親がずっと味方であるのだということを示し続ければ、子供はほんとうに安心して信頼して、心を開いてくれるかもしれません。

つまり大事なことは、

自分の思いどおりにすることではなくて、受け容れてあげること、受け容れることなのです。

[第三章]◉「苦」とは、思いどおりにならないこと

玄奘三蔵のすごさ

『西遊記《さいゆうき》』に出てくる三蔵法師、名前は玄奘《げんじょう》といいます。

玄奘は、西暦六〇二年に生まれました。西暦六二九年、二十七歳の時に、当時天竺《てんじく》と呼ばれていた北インドに仏教典を取りに長い旅に旅立ちます。玄奘が若い時に学んでいた仏教は、師匠によってずいぶんブレがありました。言っていることが違う、教えの内容が違うということで、玄奘はインドにほんとうの仏教典を取りに行かなければ、ほんとうのことが分からないと強い決意をします。そして、六二九年に旅を始め、帰ってきたのが六四五年でした。十六年にわたっての長い旅を終えて帰ってきたのです。

旅を終えて帰ってきた玄奘が唐の第二代皇帝である太宗《たいそう》に謁見すると、太宗は、

「あなたは論・律・経、三部経を全部マスターした人なので、これから三蔵法

師とお名乗りください」

と言います。論・律・経という三部経を全部マスターしたことで三蔵法師というのですが、「三蔵法師とお名乗りください」と、尊敬語・尊称・尊号として太宗皇帝が与えた名前が、「三蔵法師」でした。

ですから、『西遊記』という物語の中でよく、玄奘という名前ではなく、「三蔵法師」というふうに言うセリフが出てきますが、これはあり得ません。旅をしている途中に三蔵法師という呼び名はありませんでした。帰ってきてから初めて「三蔵法師とお名乗りください」と言われたのです。ですから、ここでは三蔵法師とは呼ばず、玄奘という名前を使うことにします。

唐の時代、西域《さいいき》と呼ばれる所には三十余の国がありました。国といってもタクラマカン砂漠の中に、百キロおきぐらいに日干し煉瓦《れんが》で数キロ四方を囲い込んだオアシス都市でした。そのオアシスを外敵や山賊から守るために、日干し煉瓦で高さ数メートルほどの塀を作り、その塀の中を「国」と称しました。

この西域三十数カ国は、標高が四千メートルから七千メートルほどもある天《てん》山《ざん》山脈の南麓にあたり、その山に降った雪が溶け、伏流水《ふくりゅうすい》となって、オアシスとして水が湧き出している所でした。それぞれに有力者がそのオアシスを守り、自分の所有として「国王」を名乗っていたのです。

玄奘が長安《ちょうあん》の都から最初に訪れた国というのは、高昌国《こうしょうこく》といいました。この高昌国には麴文帝《きくぶんてい》という皇帝がおり、麴文帝は、仏教に精通し、しかも身の丈七尺の——玄奘は身の丈七尺（二・一メートル）ほどもある偉丈夫だったそうですが——その人物を見て気に入り、こう言うのです。

「玄奘さまをこれから危険が待ちかまえている西域に出すわけにはいかない。生きて帰れないかもしれないから、そんな危険なところには出せない。この国を出ないで、ずうっと自分の国で仏法を庶民に教えてほしい」と。

玄奘は「いや、私には大望がある。天竺にお経を取りに行かなければならない」と言い、出さないという麴文帝と対決することになります。

玄奘は断食を行い、ほんとうに死の寸前までいきました。麴文帝は「それほどの強い決意だったのですか」と驚いてついに折れ、「ではこれから無事な旅を続けてください」と言って送り出すことになります。

その玄奘の固い決意は、他の三十国にも伝わりました。

どこの国へ行っても玄奘は非常な人気で、一カ月、二カ月、三カ月ほども滞在しては、その国の民に「仏法を教えてくれ」と要求され、その都度、玄奘は、その要求の月日をそこで過ごし、仏法を教えました。

天竺に入るまでにものすごい膨大な年月がかかったのは、実はそのせいなのです。

そして、玄奘が自ら書いた『大唐西域記《だいとうさいいき》』という本があるのですが、それをもとにして後世、『西遊記』という物語が作られました。『西遊記』には、次から次へと妖怪が出てきて玄奘の行く手を阻《はば》むのですが、実はこの妖怪は敵対していた妖怪ということではなく、ほんとうは、玄奘に惚《ほ》れ込んだ国王たちだったのです。行く手を阻んだ妖怪は、実は玄奘に惚れ込んだそれぞれの国の国王・皇帝たちでした。

玄奘はその優れた人格のゆえに次から次へと「ここに滞在してくれ」と言わ

れ、それを受け容れたがゆえに結局、妖怪に邪魔されたと同じようにずうっと長い年月をそこで過ごさなければならなかったということなのです。

玄奘は西域の自分の旅を紀行文にし、それを『大唐西域記』という本にまとめました。それがベースになって後世、『西遊記』という物語になります。

「私の膿を口で吸い取ってくださらぬか」

さて、玄奘は旅の初めの頃にこんな事件に遭遇しました。道脇にぼろ布が転がっています。それを目にしながら通り過ぎようとすると、そのぼろ布がむくむくと動きました。その中から老婆が顔を出すのです。

「お坊さま、お坊さま」

と、その老婆が呼びかけました。「ああ、人がいたのですか。何ですか」と玄奘が聞きます。老婆は、「実は私はこんな病気になってしまった」と言って差し出した腕を見ると、膿《うみ》が湧き、腐りかけている体でした。

老婆は言います。「この地方ではこういう病気になったときに、家族にこの膿を口で吸い出してもらうと助かるという言い伝えがある。自分がこの病気になったときに家族にそれを要求したら、とんでもないヤツだということでここに連れてこられて、打ち捨てられてしまった。このまま死を待つだけでいいと思ったが、たまたまいま目の前を通りかかったあなたさまに口で吸い出してもらったら治りそうな気がした。申し訳ないが私のこの膿を、口で吸い取ってくださらないだろうか」

とんでもない要求です。

玄奘はしばらく考えたのち、こういうふうに言いました。

「分かりました」

この玄奘のすごさというのは、ほんとうに驚くべきものです。

……というのは、これから何万キロも歩いて天竺へありがたいお経を取りに行くという大望を持っているのです。その大望のためにいま目の前でこの老婆に触れることで接触感染をして、そのまま自分も死んでいくかもしれません。

命がけの行為です。それも死のほうの可能性が、はるかに高いという状況です。そこで、普通の人だったら、「大望があるから申し訳ないがそうしてあげることはできない。すみません」と言いながら立ち去るところでしょう。

玄奘のすごさというのは、一つひとつのことを心から大事にしていくというところにあるのです。

玄奘は老婆の腕に口を付けて、膿を吸い始めました。

その瞬間、老婆はボッと大きな音とともに、大きな大きな光の塊になりました。そして、驚いている玄奘の目の前に現れたのが観音さまでした。

観音さまが姿を現し、玄奘を見下ろして、こう言うのです。

「玄奘よ、お前がどれほどの者であるかがよく分かった。これから天竺にありがたいお経を取りに行くにあたっては、命に関わることが何百度とあるであろう。そして、自分の力で切り抜けられるのであれば、自分の力で切り抜けなさい。しかし、自分の力ではどうしようもない、どうしても助からないと思うようなことがあれば、今から教えるお経を一心不乱に唱えよ。その唱える声が聞こえてきたら、われわれ仏はこぞってお前を助けに行く。そしてお前を守り通して天竺まで連れて行く。そして、さらに天竺から長安の都まで連れ戻す。どんなことがあってもお前を守り通す。その時に、唱えなければいけないお経がこれであるから、よく覚えておきなさい」

と言って教えたのが、「般若心経」というものでした。

このお経だけは後世に伝えたい、とお釈迦さまが願ったお経です。

このお経だけは、後世に伝えたい

摩《ま》訶《か》般《はん》若《にゃ》波《は》羅《ら》蜜《みっ》多《た》心《しん》経《ぎょう》

観《かん》自《じ》在《ざい》菩《ぼ》薩《さつ》

行深般若波羅蜜多時《ぎょうじんはんにゃはらみったじ》
照見五蘊皆空《しょうけんごうんかいくう》
度一切苦厄《どいっさいくやく》

というところから始まるこの「般若心経」は、

釈迦が、実は他のお経は伝わらなくてもいいから、このお経だけは、どうしても後世に伝えたいと強く願ったがゆえに、こういう形をとって玄奘三蔵にも伝わることになったのでした。

玄奘は往復十六年の旅をし、長安の都に帰り、十八年の歳月を費やして原語仏教典の漢語訳に取り組みます。漢語訳をすべて終えて、自分の使命の炎が尽きるように玄奘は死んでいきましたが、玄奘は弟子たちに、この「般若心経」だけは別格。この「般若心経」を伝えることは、私たちにとって大きな使命であると言い続けて死んでいきました。

お釈迦さまは、玄奘三蔵を通してもですが、

「この「般若心経」だけはどうしても後世に伝えたかった」

と考えたように思えます。

なぜ「般若心経」を後世に伝えたかったか。

もともとお釈迦さまは自分で文章を書いたり、本を書いたりはしていません。自分の教えが後世に残ってほしいというふうにあまり強くは思ってなかったように思います。

しかし、

「この「般若心経」だけは、できれば多くの人に知ってもらいたい」

という意志がところどころに感じられるものではありました。

どうして「般若心経」をそれほどまでに伝えたかったのか。

それは、これまで説明してきた「苦」ということの本質にあるのです。

「苦」とは、思いどおりにならないこと

という意味でした。

釈迦が「苦」という言葉として残したものは、実は「思いどおりにならないこと」であったのです。不幸や悲劇、病気や事故というような、向こうから勝手に降ってくるというものは、釈迦が残した「苦」ではありませんでした。

誤って伝わった「苦」の意味

玄奘が「苦」と訳したその訳語が日本に入って、「苦」という形でお経とともに伝わりましたが、実は、その「苦」が訓読《くんよ》みされて、「苦しみ」という意味にとらえられました。

その苦しみの中には、自分の思いとは関係なく、勝手に向こうから降ってくるもの、つまり病気や事故や災難やトラブルというもの全部を含んで「苦」と呼ぶようになってしまいました。日本の言葉の歴史の中で、「苦」の意味が、間違って解釈されるようになったのです。本来、釈迦が伝えたかった「苦」の意味とは違う形で伝わるようになってしまったのです。

日本には音読《おんよ》み、訓読みという漢字の読み方があり、訓読みによって「苦」が「苦しみ」と読まれるようになってしまった結果、向こうから起きてくる、我が身に降りかかってくる病気や事故や災難、トラブルなどが全部、苦しみという意味に転じてしまいました。

ですから、釈迦や玄奘が正しく伝えたかった

「苦──思いどおりにならないこと」

という意味が、日本の言葉の中で変質してしまったのです。

このことは誰かに責任があるというわけではありません。「苦」を「苦しみ」と読み、自分にとって災難や不幸やトラブルと思えるありとあらゆることを、

日本語では「苦しみ」と表現するようになってしまった。そのことによって、「苦」の本質が伝わらなくなっていったと言ってよいでしょう。

実はお釈迦さまが伝えたかった「苦」とは、「思いどおりにならないこと」という意味だった。

そこからお釈迦さまは、

受け容れることが楽になることであり、自分の思いどおりにしようと思うから、悩んで苦しむのですよ

ということを、二千五百年前に見通したのです。

釈迦が定義した「苦」

生まれること。これは自分の思いどおりにならない。

老いること。老いたくない、年をとりたくないと思っても、自分の思いどおりにはならない。

病むこと。病気をすることも、自分は病気をしたくないと思っているのに病気をする。思いどおりにならない。

死ぬこと。自分は死にたくないと思っているのに、死が確実にやってくる。こんな時に死にたくない、あんな時に死にたくないと言っても、死は、個人の意思を無視して、強引にやってくる。思いどおりにならない。

愛別離苦《あいべつりく》。愛している人と別れなければならない苦しみ。これも思いどおりにならない。

怨憎会苦《おんぞうえく》。怨んで憎んでいる人と会わなければならない苦しみ。これも思いどおりになりません。

求不得苦《ぐふとくく》。求めるものが得られない苦しみ。これも思いどおりにならない。

五蘊盛苦《ごうんじょうく》。色受想行識の五つの感覚レベルが、それが盛んに働いていることによって、結局は自分の思いどおりにならない。それを「苦」と、釈迦は呼びました。

暑い寒い、重い軽い、つらいつらくないなどと思うのは、全部、自分の感覚であり、自分が勝手に決めていることである。そういう感覚が先鋭的であればあるほど、悩み・苦しみが多いのですよ。それを、釈迦は五蘊盛苦という言葉で表現したようです。

つまり苦しみとは、災難や悲劇という意味ではなくて、「思いどおりにならないこと」という意味だったのです。

そうとらえるなら、東洋的な、釈迦的な解釈で、悩み・苦しみをゼロにする方法が浮かび上がってくるではありませんか。

つまり、「思い」を持たないこと。


「思い」がなければ、人間は悩み・苦しみを持つ必要がなくなるのです。思いがなくなるということはイコール、受け容れるということにほかなりません。

人間は悟るためには、最低三秒でよいのではないかと思うようになりました。

一秒目、過去のすべてを受け容れること。
二秒目、現在のすべてを受け容れること。
三秒目、未来のすべてを受け容れること。

すべてを受け容れることができたら、実は悩み・苦しみというものが存在しないのではないでしょうか。

受け容れることイコール、思いどおりにしようとしないこと、と思えるようになりました。

生き仏

ちなみに玄奘三蔵は、身の丈七尺という大男でありながら、生涯、眉目《びもく》秀麗、見た目が大変に美しかったと記録に残されています。大変なハンサムであったとのことでした。

唐の都、長安に帰って来てから、唐の第二代皇帝太宗から、

「あなたは生き神さまで生き仏だ。この世の宝なので、すべての人がこの玄奘さまの言うことを聞くように」

という扱いを受けることになります。

眉目秀麗、なおかつ、尊敬を一身に浴びる三蔵法師となった玄奘は、夜な夜なスナックに出かけては、美味《おい》しい食べ物を要求したり、美味しい酒を要求したりできる立場にありました。たぶんスナックの女の子たちからは「キャー、玄奘さま～」と騒がれるような、ありとあらゆる要素を備えていた人だったの

です。

しかし、玄奘はまったくそれをしませんでした。それは、スナックに遊びに行ったがそうしなかったということではなくて、大慈恩寺《だいじおんじ》という寺の三キロ四方ほどの囲いの中から十八年間、まったく出ることをしなかったのです。死ぬまでこの慈恩寺《じおんじ》の中におり、原語の仏教典を漢語訳することに明け暮れました。亡くなったのが、西暦六六四年。長安の都に帰った六四五年から満十八年ほど、ただただ漢語訳に明け暮れました。寺の外に一歩も出なかったのです。

『西遊記』にいう玄奘が、どんなに苦労をして天竺までたどり着いたかということは、多くの人が知っていることです。しかし、ほんとうに玄奘のすごさ、この人の素晴らしさを語るには、帰ってきてからの十八年間を語らなければいけません。

眉目秀麗で、尊称・尊敬を一身に集め、そして、

「国の宝だ」

「生き神さまだ、生き仏さまだ」

という扱いを受けて、人間はそこでいい気にならないでいられるものでしょうか。そうならないことが、この玄奘のほんとうのすごさなのです。

ありとあらゆる栄誉や賞賛を浴びて、その結果として、あちこちに遊び歩きたいであろう、普通の人だったらそうなるであろうような状況で、玄奘は外に出るどころか、来る日も来る日も原典を漢語に訳し続けました。そして、寺の外に一歩も出ることなく、漢語訳を全部終えて死んでいくのです。

玄奘三蔵のそのすごさは、天竺に行って帰ってきた十六年よりも、帰ってきてからのこの十八年のほうにあると思います。

これだけの人は人類の歴史上でも、なかなかいないのではないでしょうか。

［第四章］◉「般若心経」は難しくない

「般若心経」全文

摩《ま》訶《か》般《はん》若《にゃ》波《は》羅《ら》蜜《みっ》多《た》心《しん》経《ぎょう》

観《かん》自《じ》在《ざい》菩《ぼ》薩《さつ》　行《ぎょう》深《じん》般《はん》若《にゃ》波《は》羅《ら》蜜《みっ》多《た》時《じ》

照《しょう》見《けん》五《ご》蘊《うん》皆《かい》空《くう》　度《ど》一《いっ》切《さい》苦《く》厄《やく》　舎《しゃ》利《り》子《し》

色《しき》不《ふ》異《い》空《くう》　空《くう》不《ふ》異《い》色《しき》　色《しき》即《そく》是《ぜ》空《くう》

空《くう》即《そく》是《ぜ》色《しき》　受《じゅ》想《そう》行《ぎょう》識《しき》亦《やく》復《ぶ》如《にょ》是《ぜ》

舎利子《しゃりし》　是諸法空相《ぜしょほうくうそう》　不生不滅《ふしょうふめつ》

不垢不浄《ふくふじょう》　不増不減《ふぞうふげん》　是故空中《ぜこくうちゅう》

無色《むしき》　無受想行識《むじゅそうぎょうしき》　無眼耳鼻舌身意《むげんにびぜっしんい》

無色声香味触法《むしきしょうこうみそくほう》　無眼界《むげんかい》

乃至無意識界《ないしむいしきかい》　無無明《むむみょう》　亦無無明尽《やくむむみょうじん》

乃至無老死《ないしむろうし》　亦無老死尽《やくむろうしじん》

無《む》苦《く》集《じゅう》滅《めつ》道《どう》　無《む》智《ち》亦《やく》無《む》得《とく》　以《い》無《む》所《しょ》得《とく》故《こ》

菩《ぼ》提《だい》薩《さっ》埵《た》　依《え》般《はん》若《にゃ》波《は》羅《ら》蜜《みっ》多《た》故《こ》

心《しん》無《む》罣《けい》礙《げ》　無《む》罣《けい》礙《げ》故《こ》　無《む》有《う》恐《く》怖《ふ》

遠《おん》離《り》一《いっ》切《さい》顛《てん》倒《どう》夢《む》想《そう》　究《く》竟《きょう》涅《ね》槃《はん》

三《さん》世《ぜ》諸《しょ》仏《ぶつ》　依《え》般《はん》若《にゃ》波《は》羅《ら》蜜《みっ》多《た》故《こ》

得《とく》阿《あ》耨《のく》多《た》羅《ら》三《さん》藐《みゃく》三《さん》菩《ぼ》提《だい》

故《こ》知《ち》般《はん》若《にゃ》波《は》羅《ら》蜜《みっ》多《た》　是《ぜ》大《だい》神《じん》呪《しゅ》

是《ぜ》大《だい》明《みょう》呪《しゅ》　是《ぜ》無《む》上《じょう》呪《しゅ》　是《ぜ》無《む》等《とう》等《どう》呪《しゅ》

能《のう》除《じょ》一《いっ》切《さい》苦《く》　真《しん》実《じつ》不《ふ》虚《こ》

故《こ》説《せつ》般《はん》若《にゃ》波《は》羅《ら》蜜《みっ》多《た》呪《しゅ》　即《そく》説《せつ》呪《しゅ》曰《わっ》

羯《ぎゃ》諦《てい》　羯《ぎゃ》諦《てい》　波《は》羅《ら》羯《ぎゃ》諦《てい》　波《は》羅《ら》僧《そう》羯《ぎゃ》諦《てい》

菩《ぼ》提《じ》娑《そ》婆《わ》訶《か》　般《はん》若《にゃ》心《しん》経《ぎょう》

「般若心経」は簡単なことを言っている

「般若心経」の話に入りましょう。

市販されている「般若心経」の本を読んだ人の多くは、「般若心経」が分かりにくいと言います。理解がしにくいと言います。実は「般若心経」はそんなに難しいことを言っているようには思えません。

「苦とは、思いどおりにならないこと」

と解釈すると、「般若心経」の解釈はそんなに難しくないのです。ほんとうは簡単なことを言っているのです。

「般若心経」を読んでいきましょう。

観自在菩薩《かんじざいぼさつ》　行深般若波羅蜜多時《ぎょうじんはんにゃはらみったじ》

自在にものを見通す能力を持った菩薩《ぼさつ》さま、これは観世音《かんぜおん》菩薩のことを言います。般若はパーンニャ――人類を救済する知恵のことをパーンニャと呼びます。現代では死語となったパーリ語です。波羅蜜多というのは、至高これ以上ない、という意味です。

人類を救済するこれ以上ない知恵をさらに深めるために行に入っていたときのこと。観音さまがそういう行に入っていたときのこと。

照見五蘊皆空《しょうけんごうんかいくう》

照らし見るに、見通したときに、五蘊はみな空なりとお悟りあそばされた。

度一切苦厄《どいっさいくやく》

一切の苦厄を、此岸《しがん》（私たちが生きているこの人間の世界）から、向こうの彼岸《ひがん》（神や仏の世界）に渡すことができるということをお悟りあそばされた。

舎利子《しゃりし》

これは「般若心経」自体が、お釈迦さまの一番弟子である知恵第一尊者・舎利子に向かって語りかけているという形をとっています。舎利子よ、と呼びかけている言葉です。

色不異空《しきふいくう》　空不異色《くうふいしき》

舎利子よ、色は空に異ならず、空は色に異ならず。

色即是空《しきそくぜくう》　空即是色《くうそくぜしき》

色は即ちこれ空なり、空は即ちこれ色なり。

受想《じゅそう》行《ぎょう》識《しき》亦復如是《やくぶにょぜ》

受・想・行・識、すべて同じようにできているのだよ。つまり、

受即是空　空即是受
想即是空　空即是想
行即是空　空即是行
識即是空　空即是識

とやりなさい。一つひとつの感覚レベルのものは、全部、中身が空なのだよ、ということをお釈迦さまは、舎利子に呼びかけているのでした。

全部、すべて一緒のことなんだ。

色即是空、「色」とは、もともと「肉体」のことを言いましたが、その後、「存在物」「物体すべて」の意味に広がりました。私たちが色（肉体・物体）だと思っているものは全部「空」。「空」とは、存在はするが、特別な性格づけがされているわけではない。

「般若心経」は言ってしまえば、この頭の二、三行でもうお終《しま》いなのです。そのことだけを伝えるために、そのあと、いろいろなたとえ話をもってきます。

たとえば、増加するということもないのだよ。減るということもないのだよ。汚いということもないのだよ。綺麗だということもないのだよ。

ひいては、苦集滅道という四つの悟りさえも、

無《む》苦集《くじゅう》滅道《めつどう》

という言い方をして、苦集滅道さえもないのだよ、と言い切ってしまいます。

つまり「思い」があるから、物事を自分が決め付けているある種の「思い」があるから、論評・評価があるから、そこに悩み・苦しみが生じる。

論評・評価は、常に自分の側に物差しがあり、その物差しとは、何かが正しくて、何かが正しくない、何かが成功で、何かが成功ではない、というような物差しなのです。その物差しをベースにしてものを考えているから、全部、悩み・苦しみになってしまう。

物差しがあり、基準があり、そうあるべきだという考え方があるから、そこに「思い」が生じ、論評・評価が生じ、それが思いどおりにならないものを否

定することになります。

悩み・苦しみはすべてそこから生じているということを、お釈迦さまは「般若心経」の中で伝えたかったように思います。

さらに言葉が続きます。

舎利子《しゃりし》　是諸法空相《ぜしょほうくうそう》　不生不滅《ふしょうふめつ》　不垢不浄《ふくふじょう》　不増不減《ふぞうふげん》
是故空中《ぜこくうちゅう》　無色《むしき》　無受想行識《むじゅそうぎょうしき》

というように続きます。

すべての存在物は、空の相の中にあり、生じるということもなく、滅するということもないのだよ。汚れているということもなく、清らかなるということもなく、増すということもなく、減るということもないのだ。ゆえにこれ、すべて空なるものの中にある。色というものもないし、受想行識というものも、本来は空である。宇宙的な性格づけはされていない。

結局自分が全部「思い」を持って、その「思い」を基準として、評価・評論しているから、結局その「思い」が生じていますね、ということを言っているのだと思います。

あらゆる現象に色がついていない、色をつけるのは自分自身の物差しと、「思い」を持っている私であり、現象は確かに存在はするのだけれども、色がついていない、というのが「空」という意味ではなかったでしょうか。

そのあとに、

無《む》眼《げん》耳《に》鼻《び》舌《ぜっ》身《しん》意《い》

と続きますが、眼、耳、鼻、舌、身——これは五感です。眼で見える世界、耳の世界、鼻の世界、舌の世界、それから、触る・身体で感じる世界、さらに、意識の世界。この五感プラス意識界――六つの感覚の世界も、もともとはない。それぞれの評価・評論があるから、ものごとがその評価・評論の対象になってくるので、もともと五蘊が皆空、皆空なりであることが分ったら、そういうものも関係がなくなってしまうのだ、ということです。

無色声香味触法《むしきしょうこうみそくほう》

色（物体、肉体）も、それから声も香りも味も触覚も、全部、もともとないのだ。見る世界から、その六つの、耳の世界、鼻の世界、舌の世界、体で感じる世界、それから、意識界まで（ないし無意識界までも）ないのであると。

無無明《むむみょう》　亦無無明尽《やくむむみょうじん》

生まれる前の何も分からない状態を「無明」というふうに仏教用語では言うのですが、生まれる前の何も分らない世界というのもないし、その無明が尽きるということもまたないのだ。もともとそんなものはないのだから、もともと評価・評論する思いというものがなければ、もともとないものである。
そこにその生まれる前の問題までが入ってきます。

乃至無老死《ないしむろうし》　亦無老死尽《やくむろうしじん》

さらに、老いて死ぬということもない。

つまり生まれる前からもともとそれがないのだけれども、その生まれる前からのわけの分らない、全く状況の分らない世界から生まれてずっと生きてきて、そして老いて死ぬというところまでのその経過も、実はもともとないものであって、それも結局、自分の意識、自分がそう思うからそうあっただけであって、もともと何もないと思えば何もないいんだよね、ということです。

「乃至」とは「〜まで」という意味。

従ってまた、老いて死ぬということも尽きるということもない。

そして前に書いたように、

無《む》苦集滅道《くじゅうめつどう》

まで行くのです。

苦集滅道さえも、実は評価・評論する心がなければ、自分で「思い」というものを持っていなければ、もともとないものである。

無智亦無得《むちやくむとく》　以無所得故《いむしよとくこ》　菩提薩埵《ぼだいさつた》
依般若波羅蜜多故《えはんにやはらみつたこ》
心無罣礙《しんむけいげ》　無罣礙故《むけいげこ》　無有恐怖《むうくふ》

智を得るということもなく、また、得するということもない。その所有するということもないがゆえに、それをもって、知恵を得た方々は般若波羅蜜多に依ることによって、心は無罣礙《むけいげ》。罣礙というのは心の曇り、迷いのことをいいますが、心は無罣礙。心の迷いや曇りがなくなり、罣礙がないがゆえに、恐怖があるということもない、恐れおののくこともまったくない。

遠離《おんり》一切《いっさい》　顚倒《てんどう》夢想《むそう》　究竟《くきょう》涅槃《ねはん》

すべての顚倒《てんどう》夢想《むそう》――神仏から見ると、人間は逆の価値を追いかけ、まるで逆さの生活をしているように見える。欲しいものを手に入れれば幸せになると思っているようだが、その執着が悩み苦しみを生んでいる――を遠離《おんり》して（引き離して）最高の悟りの境地（涅槃《ねはん》）に至る。

神仏から見ると、人間は逆さまの生活をしているらしいのです。「大事」だと思っている「やる気」や「こだわり」や「上昇志向」などはすべて、天上界からすると無意味なだけでなく、逆に、「悩み」「苦しみ」を生む元凶になっているということ。

三世諸仏《さんぜしょぶつ》

三世というのは、前世と今生《こんじょう》と来世のことをいいますが、その三世諸仏は般若波羅蜜多（至高の、これ以上ない智恵）に依るがゆえに、

得阿耨多羅三藐三菩提《とくあのくたらさんみゃくさんぼだい》

というのは、三つの、最高の、至高の、これ以上ないという言葉を三つ重ねているのですが、その素晴らしいものを身につけたるがゆえに、その般若波羅蜜多というものを得たるがゆえに、ただ一つの言葉に向かってそこに進めばよいということに気がつくのです。

その素晴らしい言葉というのが、これ以上ない言葉であり、無上のものであり、それに匹敵するものがない。すべて能徐、一切の苦厄を取り除くものであるというのが、

能除一切苦《のうじよいっさいく》　真実不虚《しんじつふこ》

これがほんとうのことであり、偽りではない。あとはすべてのこと全部、人類を最高に救済してくれるこの言葉を言いさえすればよいのだ。

羯諦《ぎゃてい》　羯諦《ぎゃてい》

この羯諦は、当時の言語では、「行こう」、「行こう」というような意味に相

当します。だから、何も考えずに、ただ行こう、行こう。というのは、ただ実践をすればよいのだ。そのように受け容れて、受け容れて、実践的に生きていけばよいのだ。そうすれば、向こうの世界に行けるぞ、「行こう、行こう」「レッツ・ゴー、レッツ・ゴー」と言いながら、「向こうの世界に早く行こう」と言っているのが、

羯諦《ぎゃてい》　羯諦《ぎゃてい》　波羅羯諦《はらぎゃてい》　波羅僧羯諦《はらそうぎゃてい》

です。

菩提娑婆訶《ぼじそわか》

娑婆訶というのは、これで成就せり、すべてのことが成就しました。これで全部、落着しましたという意味。

簡単に「般若心経」を解説してきましたが、実はほんとうに言っていることは難しいことではありません。般若心経はひと言でいうと、「五蘊皆空《ごうんかいくう》」。これだけです。

「般若心経」は二六二文字ですが、五蘊（色・受・想・行・識）は皆空なり――それが分かったらあとは、これもないですよ、あれもないですよ、ない、ない、ない、ない、ない、ない、ないと続きます。だから、羯諦、羯諦だけを言っていればいい。羯諦、羯諦とは、「レッツ・ゴー、レッツ・ゴー」ですから、「此岸から彼岸へ渡ろう」、「ただそれだけを考えて向こうへ行けばいい」と教えているのです。初めの三行ほどが分かってしまえば、あとはただ、これもないでしょう、あれもないでしょうという実例を示しているに過ぎません。

ほんとうは「般若心経」はとても簡単なことを言っているお経だったのです。

「般若心経」はなぜ難しくなったか

「般若心経」が難解だ、「般若心経」が分かりにくいという人がたくさんいます。五冊も十冊も「般若心経」の解説の本を読んだけれども、分からない、理解ができないという人がほとんどです。

実は、「般若心経」の解説本が多くの場合、現在の仏教的なものを前提として「般若心経」を解釈するところから、難しいものになっているように思えます。現在の仏教的な状況というのは、例えば、寺社が合格祈願をするとか、良縁祈願をするとか、そういうふうに「思い」を叶える、「思いを強く持って実現させなさい、努力しなさい、頑張りなさい、強く願いを言いなさい」という立場に立っているからです。

もともと釈迦は、人間の悩み・苦しみは、思いどおりにならないことからきているのだということを見抜いたのでした。そして、思いどおりにしようとしなければ悩み・苦しみがないでしょう。それを後世の人に伝えれば、それを理解した人が、悩み・苦しみをなくせると喜んだはずなのです。

ところがいつの間にか、仏教寺院の一部ですが、

「思いを持ちなさい、そういう思いを強く持つことで願望を実現するんだ、実現してほしいと一生懸命祈願しなさい、お祈りしなさい、お願いしなさい」とお願いする場へと変わりました。護摩木《ごまぎ》を売って、護摩木に希望を書かせて、護摩木を焚《た》いて、その売上で寺院が潤《うるお》うというようなシステムを作り上げました。

「願いや希望を聞いて、それを叶えてあげよう」というシステムが世の中にあってても別にかまわないと思うのです。しかし、本来の仏教は、しかもその仏教を伝える本職の僧侶は、本来それをやるべきではなかったのかもしれません。

「思いを持ちなさい、思いを強く持ちなさい、夢や希望を一生懸命持ちなさい、思いをかき立てなさい、自分を叱咤激励《しったげきれい》しなさい、上昇志向を持ちなさい、目的を持ちなさい、達成目標に向かって一生懸命やることなんです。そのために

仏教寺院を利用しなさい、仏教寺院にお祈りしなさい、仏さまにおすがりなさい」

という形で、仏教寺院は夢や希望を叶えるところに変貌していきました。

本来、仏教寺院がお釈迦さまの教えを伝えるのであれば、

「そういう思いを持てば持つほど、苦しくなるのですよ、つらくなるのですよ、執着を捨てて楽に生きたらどうですか」

と提案をしてあげるところでした。ですから、昔は、仏教の僧侶の中で、一休さんや良寛さんがすごく高く評価されたのです。思いを持たず、すべて受け容れて、すべてに笑顔で淡々と、というような生き方が、本来の僧侶の在り方として高く評価されたのでした。

現在の仏教寺院は一部ですが、「夢や希望を叶えろ、強く思いを持て、目標を達成しなさい」というふうに煽《あお》り立てています。そういうことを前提にしている結果、「般若心経」を繙《ひもと》くときに、本来は「論評・評価や自分の思いがあるから苦しいのでしょう、そういうものがなければ、あれもないでしょう、こ

れもないでしょう、もともとないでしょう、ないでしょう」というふうに解説をした「般若心経」の意味が解説できなくなってしまいました。

「夢や希望を語りなさい、夢や希望を持ちなさい、それを実現するために仏さまの力を借りて実現させてあげるのですよ」という仏教寺院に遠慮をしながら「般若心経」を解説しようとすれば、当然のことながら、ものすごい矛盾を持ち込みながら解説することになります。そこに気を遣いながら「般若心経」を繙いていたのでは、本質はたぶん伝わらないのです。

どのような結果になっても、たとえどのような大学に受かろうとも、あるいはどこも大学に受からなくても、その結果が自分が受けれるべきものだというふうに思えたならば、人間は苦しまないですみます。釈迦は、「受け容れることが楽になる方法なのですよ、自分自身がいちばん楽になるのですよ」

と「般若心経」の中で伝えていました。

すべてが空なり。
自分の論評・評価、思いが、結局、全部自分の苦悩や煩悩《ぼんのう》につながっている。

と釈迦は後世に伝えたかったのです。

[第五章]◉受け容れる

お釈迦さまのエピソード

二千五百年前、釈迦の周りに伝わっているエピソードの一つです。

四十歳を過ぎてやっと子供を授かった女性が、その子供を三日で死なせてしまいました。女性は半狂乱になり、お釈迦さまのもとにその子供を抱いて、訴えにやってきます。

「お釈迦さま、あなたは神通力がある方だとお聞きしました。私はやっと子供が授かったのです。この子供をなんとか生き返らせてください。あなたの神通力で、この子供を生き返らせてください」

と言います。お釈迦さまは、「そんな理不尽なことはできない」と教え諭《さと》すかと思ったのですが、お釈迦さまの実際の答えはこういったものでした。

「分かりました」

なんと、お釈迦さまは、「分かりました」と答えるのです。そして、彼女に

向かって、

「生き返らせてあげましょう。ただし、この子を生き返らせるのにはどうしても必要なものがある。それは、からしの種《たね》であるが、そのからしの種は、その家から死者を一人も出したことのない家のからしの種でなくてはならない。だから、この集落を全部回って、死者を出したことのない家があれば、その家からからしの種を貰ってきなさい」

というふうに言います。女性は喜んで、

「分かりました。すぐ行ってきます」

と言って、転がるように走っていくのですが、三日三晩ほど経って、女性は戻ってきて非常に落ち着いた口調でこう言いました。

「お釈迦さま、私が心得違いをしておりました。よく分かりました」

と静かに去っていったそうです。

お釈迦さまは教え諭したりはしませんでした。ただ、「生き返らせてあげる」と言ったのです。そして、「それには条件がある。そのために死者を出したことのない家から、あるものを貰ってきなさい」と言いました。彼女はその集落数百軒を全部回ったのです。そして、死者を出したことのない家が一軒もなかったということに気がつきました。

自分の子供の死をそれほど悲しんでいた彼女は、どこの家にも死者が出たということに対しては悲しまなかったのです。お釈迦さまはそれを伝えたかったのでした。

どこの家にも同じことが起きている、あなたは自分の子供だけを悲しんでつらい思いをしていると思っているが、実はどの家にも同じことが起きている。同じように人の死を悲しむことができないのであれば、自分の子供のことについてあまりにも騒ぎまくって、「つらい、つらい」と言うのはやめたほうがよいのではないか。

ありとあらゆる同じことがいろいろなところに起きているのですよ。自分に起きたことだけが「つらい、つらい」のではない。人の死が、実はすべての人の死がつらいと悲しむことができないのであれば、自分の子供の死だけをそのように大騒ぎをしてとらえるのはいかがなものなのか、ということを釈迦は伝えたかったように思います。

どこの家からも死者が出ていることを知った女性は、そこで初めて「はっ」と気がついたに違いありません。自分だけのことではなかった、自分の子供のことだけではなかった。この子の死を受け容れることが、自分にとって楽であり、当たり前のことなのだと気がついたのではなかったでしょうか。

悩み・苦しみとは、「思い」を持っていて、その思いどおりにならないことを、思いどおりにしようと思うこと。

悩み・苦しみは、受け容れた瞬間から消滅するのです。事実をいかに受け容れるか、その一言につきます。

受け容れた瞬間から、悩み・苦しみはなくなってしまうのです。

お釈迦さまの出家

釈迦が身をもって後世の人に示したかった唯一のことが、「出家」です。家を出る、家を捨てる――。

釈迦は、ある日、

「明日、私はこの城を捨てて町に出て、一介の修行僧になる」

と妻に宣言します。

すると妻はこう言います。

「今の今まであなたに伝えていませんでしたが、私のお腹にはあなたの子供がいるのですよ。それを捨てて、父も母も捨て、私も捨て、あなたは出ていくというのですか」

釈迦は釈迦族のお城に住む皇太子でした。跡を継ぐ人だったのですが、あまりにも頭がよく、今日的にいえば、たぶん知能指数が三〇〇を超える人でした。

突然変異のような人が生まれたのです。余談ですが、知能指数が二〇〇を超えると、頭の毛がチリチリになるようです。天然パーマの人ほど頭がいいらしい。くせ毛でちぢれ毛で、どうしようもなく見た目がかっこわるい――そういう人に頭のいい人がいるそうです。

むろんその時まで、釈迦は妻のお腹に子供がいることを知らなかった。

そのことを知らされた釈迦はいきなり空を見上げ、「悪魔よ、私の出家を誰も止めることはできない。私の決意に変わりはない。どんなことを設定しても、私の意志を変えることはできない」と、天に向かって叫んだ後で、妻に向かって、

「私の出家にとって、その子は障害になった。たしかにつらいものになったが、私は負けない。私は明日、城を出ていく。その子が生まれたら、障害・障壁という意味のラーフラと名づけよ」

と宣言して、翌日、家を出ます。ラーフラは後に、釈迦の下で修行して十大弟子の一人になります。ラグラ、ラゴラと呼ぶ場合もあります。

家族を特別扱いしない

出家をした釈迦は弟子たちと竹林に住むのですが、やがて、城が滅亡したという知らせが入ります。父親はシュッドーダナ王といいますが、その父親とラーフラがやってきて、「弟子になりたい」と言います。釈迦は父親が嫌いだったわけではなく、子供を疎《うと》んでいたわけでもありません。ただ、父とか子とか血縁に縛られている間は、絶対に真理に到達しないということを、釈迦は宇宙的に知っていた、悟っていた。だから家族を捨てた。

それを「出家」というのです。

嫌っていたわけではないから、この人たちが同じ仲間に入りたいと言ったら、いいですよと言って迎え入れたのですが、父親であり子供であるのに、みんなと同じように扱った。ちなみに釈迦の母親は釈迦を産み落としてすぐに亡くなり、その妹マハーパジャーパティが釈迦を育ててくれるのですが、彼女はその後、釈迦の弟子となって、比丘尼《びくに》（女性の出家信徒）第一号となります。だから一族がどんどん入ってきて釈迦の下で弟子になるのですが、釈迦はそれを拒みはしなかった。ただし、特別扱いもしなかったし、家族という構成もしていなかった。

これが、釈迦の「出家」です。

家族が、いちばん大事だろうか？

人によっては、悩みごとの九割ぐらいが、家族のことではないでしょうか。家族を特別だと思う気持ちが潜《ひそ》んではいないでしょうか。「最愛のおばあちゃんが死んだ」と泣く人がいます。それを言えば、おばあちゃんは毎年、何万人と亡くなっています。「よそのおばあちゃんの死を悲しみますか」とお尋ねすると、質問の意味が分からなくて絶句する人が多いのです。

家族に対する思いが強ければ強いほど、失った時の痛みが倍化します。

皆さんは、家族だけは大事だという考えに偏《かたよ》らないほうがいい。

家族家族と言っている人は、家族が病気になったとき、泣き喚き、ものすごく大騒ぎをします。でも隣の人が死にかけているのをあまり顧慮《こりょ》しません。自分の子供だけは大事だとする考え方は、やはりどこか問題があります。

神さまはその差別意識が強ければ強いほど、胸に痛みがくるように人間を創りました。エゴが強ければ強いほど、悲しみがものすごく大きくなるように人間を創ったのです。

ですから家族だけが大事と考えているなら、いざ自分の家族が事故や災害に出遭った場合、ものすごくつらい目にあうように創ってあります。

その山と谷のあいだを、もう少しなだらかにすると痛みは少なくなるようになっているようです。

ジョン・レノンの子供を使った広告を見ました。

こんな構成でした。

「ジョンレノンは子供が大好きでした。

「子供はお父さんを心から愛していました」

（二、三秒、間《ま》があって）

「世界でもっとも大事なのは家族です」

と続くのです。


その広告を見たとき、私は隣にいた嫁さんに叫びました。

「これ、違うよ」と。

世界でもっとも大事なのは家族です――「これ、違うよ」と。こういうのに洗脳されてはダメだよと言いました。人は、こういうなにげないセリフに洗脳されてしまいます。

そうではない、と思います。

いま大事なのは、自分の目の前にいる人なのです。目の前にいるのが家族なら家族が大事。しかし家族だから大事なのではなく、いま目の前にいる人が、唯一絶対的にもっとも大事なのです。過去の人は今、目の前にいません。未来の人もいません。いま目の前にいる人が大事。これが「念を入れる」と言います。「念」です。

大事なのは、「今」の「心」です。

最高の受け容れは感謝

「自分の子供が不登校になってしまった。どうしたらいいだろう」という相談を受けたという話を書きました。結局、不登校になった子供を受け容れれば、受け容れた瞬間に、その問題は何も生じなくなってしまうのです。問題が解決してしまうというよりは、問題そのものがなかったということに気がつきます。「問題だ、問題だ」と言っていた自分の問題であって、もともと不登校そのものが問題なのではなくて、それを「問題だ、問題だ」と言っている自分の心の問題として、それが悩み・苦しみになってしまったということでした。

子供が不登校になった、学校に行かなくなった。ただそれを淡々とした事実として受け容れた瞬間に、子供にとっても自分にとっても、何の悩みも苦しみもなくなってしまうのです。思いどおりにしようとしないこと。それはイコール、その目の前の現象を受け容れるということでもあります。

生老病死、生まれること、老いること、病むこと、死ぬことも、そのまま受け容れる。そうすると、悩み・苦しみから遠ざかることができます。悩み・苦しみを持たなくて済むことができます。

病気をしたら病気をしたでよし。死ぬようになったら死ぬようになってそれでよし。愛している人と別れなければいけない状況になったらそれもよし。それについて評価・評論をしない。感想をいちいち言わない。「ああ、そういうふうになりましたか」というふうに受け容れることが、自分にとっていちばん楽なのです。

そんなに簡単に受け容れられるわけがないではないかと言う人がいるかもしれません。私は受け容れる「べき」だという論理を展開しようとは思っていません。受け容れることでいちばん得をするのは、いちばん楽になるのは、受け容れた本人なのですから。

私は、こうするべきだ、ああするべきだというような「べき論」として話をしているのではありません。悩み・苦しみが多い人は、実は自分の思いがたくさんあり、それを思いどおりにしなければいけない。思いどおりにならなければ嫌だと思う「思い」がたくさんあるという宇宙の構造や事実に気がついてしまったのです。悩み・苦しみが多い人は、「思い」が強い、あるいは「思い」をたくさん持っている人にほかなりません。

宇宙に、地球に、すべてを委ねている人、自分の思いや我儘《わがまま》をほとんど言わないで、静かに穏やかに淡々と暮らしている人ほど、悩み・苦しみは少ないのです。

ほとんど悩んでいなくて、苦しんでいなくて、いつも笑顔で静かに穏やかに暮らしている人を私はたくさん知っています。そういう人はほとんどの人が「思い」を持っていません。思いどおりにしようという心が著しく少ない人ほど、楽に静かに楽しく生きることができるように思います。

受け容れる

受け容れるということについて、少々の解説をしなければなりません。

受け容れるという心の状態には、随分たくさんの段階があります。

いちばん最初のレベルとして、嫌々仕方なく、しょうがなしに受け容れるというのがあります。

不服をいいながらも、自分の思いとは反対のことであるけれど、仕方なく受け容れる——これが受け容れる中で、いちばん否定的な受け容れ方になります。

ただ、仕方なく受け容れている、しょうがないから受け容れているという状態には、自分の心が楽しくない、つらいという状況がつきまといます。同時進行として、楽しくないのです。ですから、「べき論」とは違うところで、自分が楽しくなるような受け容れ方をするほうがよいと思います。

楽しい——結果として受け容れることで自分が楽になって楽しい、という方向であれば、人間は受け容れやすくなるのではないでしょうか。仕方なく、嫌々受け容れている場合は、受け容れられたほうも楽しくはないのですが、いちばん楽しくないのは、その嫌々仕方なく受け容れた本人なのです。

仮に、ある人が癌ですと宣告を受けたとしましょう。

あと三カ月の命、あるいはあと半年の命といわれたとします。その三カ月、半年の間、ありとあらゆる療法を試みて、自分の命を延命させたい、なんとか命を助けたい、自分を助けたいと、いろいろな治療方法を試みるかもしれません。

その闘病生活を続けている間は、多分、苦しい心の状況だと思います。それを仮に三カ月後、半年後に死ぬことを受け容れてみる——。それを前提として、死ぬことを受け容れて、そして人生を考える。

今までは、家族のため、あるいは自分が向上しなければならないということで、無理やり努力をしてきた。努力は本来、嫌がることを自分に課すことですから、体がそれによって、生きていたくないというふうに反応するのは当然なのです。

嫌がるものを無理やり自分の体にやらせ、魂にもそれを無理強いしてやらせてきた結果、心や体が疲れ果てるのは当然のことといえば当然のこと。癌はそれを伝えにきてくれたのかもしれません。その結果として会社を辞めることができ、仕事を休むこともできます。

そして、三カ月の間、あるいは半年の間、自分がこの世に残したいものを残すことができるのです。絵が好きだった人は、絵を描いてみればよい。三カ月の間に十枚の絵が描けるかもしれません。絵が好きだったら、その三カ月の間に十枚の絵を書き残す。死ぬことを受け容れて、あとは死ぬまでに何を残していくか、それだけを考えるのです。そういう生き方、考え方を、「受け容れる」

といいます。

初めは仕方なく受け容れていたかもしれません。しかし、絵を三枚、四枚、五枚と描いていくうちに、

「ああ、癌になってよかった。癌にならなければ、こんな状態を永久に死ぬまで味わうことができなかった。自分は癌になってよかった」

と思えるようになるかもしれません。

これは、同じ受け容れるという心の段階でも、かなり上のほうになってきます。

そして、さらにその受け容れる気持ちが高まってゆくと、ついには、両手を合わせて感謝をしたくなります。癌に両手を合わせて感謝をしたくなるのです。

「ああ、癌になったから、癌細胞さんが増えてくれたから、私は会社を辞めることができて、自分の好きなことに専念することができた」

「こういうほんとうに幸せな時間を下さったのは、癌細胞さんのお陰だ。癌細胞さん、ありがとう」

と、ほんとうに心から手を合わせることができたとします。そうすると、癌細胞は消えていくらしい。癌細胞は感謝されるのが大嫌いで、癌細胞は感謝の念を降らせられると、あっという間に消えていかざるを得ないようなのです。

逆に、癌細胞はストレスやイライラがとても大好きで、そのエネルギーを栄養剤としてどんどん増殖します。

「なんで、私が癌になるの？」

「なんで、私が病気にならなくてはいけないの？」

というふうに苛立《いらだ》ち、受け容れなければ受け容れないほど、そのエネルギーが癌細胞に栄養剤となって働くようです。

免疫ということもまったく同じように作用するのですが、要は肯定的な生き方、喜びを持って楽しく生きる生き方。そしてさらに、その受け容れが最高潮に到達すると感謝という概念になるのですが、その感謝にまで至ると、ついには癌細胞さえも生存することができなくなってしまいます。

体の中の免疫構造としては、喜びを感じ、幸せを感じ、さらにその心が感謝というところまで至ると、免疫性が猛烈に強くなるようです。

結局、癌細胞は、免疫細胞がたくさん働くことによって消滅してしまうのですが、そのメカニズムは、心のメカニズムと非常に大きな関係を持っています。

「気に入らない」と戦ったり争ったりするのではなくて、受け容れることによって心も体も楽になるように、神は人を創ったらしい。

その受け容れるということのいちばん最高峰のポイントに、感謝という概念が存在するように思えます。

[第六章]◉有り難し

世界で最初の「ありがとう」

釈迦が言った「受け容れることで楽になる」ということは、実は突き詰めていくと、感謝するところまでいくということになるのではないでしょうか。受け容れるということの最高峰のポイントに、感謝という概念が存在するように思えます。

釈迦が残した言葉の中に法句経《ほっくきょう》というのがあります。法句経一八二番、

> 人の生を受くるは難く　限りある身の　今　命あるは　有り難し

意味はこういうことです。

人が生を受けることは大変に難しく、限りある身、つまり寿命がふつう六十

年とか七十年とか八十年ですが、その限りある身の現在、肉体をもらって生きていることがほんとうにありがたいものである。

この仏典原語の意味を漢文に訳し、言葉として残したのは玄奘三蔵ですが、玄奘三蔵が文字として残した、「有難《うなん》」という言葉が、実は日本語として、「ありがたし」という言葉のきっかけになりました。

そうすると世界で初めてこの「ありがたし」という言葉を使った人は、実はお釈迦さまということになるのです。日本語の「ありがたし」の語源は、それを「有難」と訳した玄奘によるのですが、その前にその意味を残したのはお釈迦さまでした。お釈迦さまの「ありがたし」という思想は、玄奘の「有難」という文字を介して、ついに日本に「ありがたし」という形で伝わるのです。

釈迦の教えたことは、

「思い」を持たなければ楽になれるでしょう。

「思い」を持てば持つほど、悩み・苦しみが増えるのですよ。
「思い」を持たないで、今、目の前に自分を囲んでいる状況があれば、それを受け容れたらどうですか。

これが釈迦が提案したことだと思います。

このように、実は受け容れることをずっと高めていくと、仕方なく受け容れるところから、次第に喜びを持って受け容れる、幸せを持って受け容れる、そして、感謝の心で受け容れるというところまで、人間は受け容れる心を高めることができるように思います。

釈迦が言った、受け容れる心というのは、その受け容れの最高峰は、「感謝」というところまでいくのではないでしょうか。

何かを叶えてもらったから、ありがたい、嬉しい、楽しい、幸せというふうにとらえているのは、感謝というレベルで言うと、まだまだなのかもしれません。自分の思いや願いを叶えてもらったからありがたいのではなくて、今、おかれている状況そのものが、実はありがたさに満ちているのではなかったか。

目が見えること、耳が聞こえること、呼吸ができること、食べることができること、自分の足で歩けること、話ができること。ありとあらゆることが全部、実は、受け容れた瞬間から、感謝になるのではないでしょうか。

三つの話

三つの話をしましょう。一つ目。

三十歳前後の気功をやっている人がいました。男性です。この人が気功治療をやっていた結果として、その患者さんの邪気を浴びて、右肩と右腰と右膝の痛みが数年間とれないということでした。

もちろんいろいろなことをやり、西洋医学も東洋医学も、自分で自分自身に気功をすることもやってはみたのですが、数年、痛みがとれないのだそうです。

「患者さんの邪気を、たぶん自分が浴びて、溜め込んじゃっているのだと思います」

と彼は言いました。

「なんとかこの痛みをとりたいのですが」

ということでした。

この相談を受けたとき、私はまずこういう話をしました。

「邪気を体の中に溜め込むということは、もしかすると、自分の力で人を治してあげていると思っているせいかもしれない。自分の力で治しているのではなくて、宇宙からの力を、パワーやエネルギーを自分はただ管《くだ》のように通しているだけで、その結果として患者さんがよくなっているというふうに思うことができたら、患者さんの邪気を自分の中に溜め込まずに、管のように通して上のほうに返すことができるかもしれない。だから、治しているのは自分の力でないというふうに思ったら、これからの邪気を溜めないですむのではないか」

と言いました。

次にこう言いました。

彼は、気功の専門家ですから、体の部品をいくつくらい挙げられるかと尋ねました。

「三〇〇ぐらいでしょうか」

と彼は答えました。

「では、きっかり三〇〇だとしましょうか。人間の体の部品がきっかり三〇〇あるとして、痛いところが右肩と右腰と右膝だとします。では、痛くないところ、順調に働いてくれているところが、二九七カ所あるわけですよね。では、その二九七カ所に対して、順調に働いてくれてありがとうと手を合わせて、お礼をいうことにしてみたらどうですか?」

彼は非常に頭のいい人だったようで、

「分かりました。家に帰ってやってみます」

と、すぐに受け容れました。

家に帰り、すぐにやってみたそうです。約三〇〇カ所、挙げられるだけ名前を挙げて、痛くないところに手を合わせ、

「どこそこが痛くなくて、ありがとう」

「順調に働いてくれて、ありがとう」

と繰り返したそうです。

約三時間かかったそうですが、言い終わった後に、その三カ所の、数年とれなかった痛みがウソのようになくなっていたということでした。


この話をある講演会でお話ししました。

その席に、薬局を営む薬剤師の方が参加していました。自分の薬局に通ってくる七十歳ぐらいのご婦人で、十年間、腰痛に悩み続けているという方がおら

れたそうです。いろいろな薬を試したけれどもその腰痛が治らない。

たまたまこの話を聞いて、その七十歳の方に提案をしてみようと思ったそうです。

「痛くなくてありがとう」と、すべての部品、例えば、右目、左目、右の眉、左の眉、右のほっぺた、左のほっぺた、右の耳、左の耳、右の耳たぶ、左の耳たぶ――たくさん名前のついているところに向かって、思いつくままに片っ端から、順調に働いてくださっているところを名前を挙げてお礼を言ってみたらと、その薬剤師さんは提案しました。十年間、悩んで苦しんでいたその方は、素直に受け容れたそうです。

一週間後、満面の笑みを湛《たた》えたその方が、薬局を訪れたそうです。そして、深々と頭を下げて、お礼を言いました。

「ありがとうございました。十年間とれなかった腰痛がとれました。ほんとうにありがとうございました」

「順調に働いてくださってありがとう」と、体の部品をすべて挙げられるだけ挙げて、一週間、お礼を言い続けたそうです。全部、部品をいい終わってふと気がついたら、十年苦しんできた腰痛がなくなっていたということでした。

薬剤師さんは興奮して、私にお礼の電話をくださいました。

「ほんとうにすごいです。ありがとうございました。私も嬉《うれ》しくて、嬉しくて」

とその方の声は、弾んでいました。そこから一転して冗談まがいの声になって、二人で大笑いをしたのですが、その方は言葉を続けてこう言いました。

「……でも、副作用が一つありました。十年来のよいお客様を一人失ってしまいました」

……二人で、ほんとうに明るい声で笑いました。

人間は痛いところがあると、痛いことばかりを言って、その痛い問題があるところばかりを挙げ連ねて、実は順調に働いてくださっているところをすっかり忘れています。

そのことを、実は身体も宇宙も訴えかけたかったのかもしれない。たまには順調に働いているところを思い出してみたらどうですか。たまには順調に働いているところに感謝をしてもいいのではありませんか。実はそういうメッセージを投げかけるために、どこかが一カ所痛んだり、二カ所痛んだりしているのかもしれません。

二つ目の話。

講演会が終わったところで、本にサインをする場合があります。その時は百二十名ぐらいの講演会参加者でしたが、半分の六十名ほどの人が本にサインが欲しいということで並びました。

三十人ほどのところに、「質問していいですか？」という女性が立っていました。年齢は四十歳ぐらいでしょうか。質問の内容はこういうものでした。

実は私は看護婦（現在は看護師といいますが）です。夫は長距離トラックの運転手で、毎晩出かけていって、夜はいません。そして、自分は夜勤も嫌がらずに引き受けてやっているので、週に二回、子供たち三人だけの夜があります。最近のニュースを見ていると、子供たち三人をおいておく時に、何か事件や事故があるのではないか、変な人間が侵入してきたらどうしようか、火事が起きたらどうしようか——そういうことばかりを考えて、夫婦二人で話し合い、どちらかが仕事を辞めたほうがいいのではないかと話しています。

けれども、住宅ローンを返さなければいけないという事情もあって、簡単に二人とも辞めることができません。悩んで苦しんで、いつも夫と話し合っているのですが、どうしたらいいでしょうかという質問でした。

私はこのように聞きました。

「一年に五十三週ありますね。週に二日、子供たち三人だけの夜があるということは、一年を通していえば百六日になりますが、子供たち三人だけの夜は百日を超えていますか?」

と聞きました。

「超えています」

と答えが返りました。

「では、二年だと二百日を超えますが、二百日を超えていますか?」

「超えています」

「では、三年だと三百日を超えていますが、三百日を超えていますか？」

と聞きました。

「三百日も超えていると思います」

と答えが返ってきました。

「それでは伺いますが、その無事に過ごせた一日だけにでも、安全に何事もなく過ぎてくれてありがとうと、手を合わせて、感謝したことがありますか？」

と問いかけました。

十秒ほど黙っていましたが、この方は、そこからどわーっとすごい涙を流して、泣き始めました。二十分ほどもそこで立ったまま泣いていたでしょうか。私はその間に残り三十人ほどの本のサインを済ませ、それがちょうど終わったころに、彼女がやっと話ができる状態になって口を開きました。

「ほんとうに一度も感謝したことがありませんでした。心配ばかりをして、無事に過ごしてきた日に一日たりとも、一度たりとも感謝をしたことがありませんでした。今日、帰って、宇宙さんに、地球さんに、いろいろな方々に感謝をするとともに、子供たちを思いっ切り抱きしめてあげます」と語りました。泣いてはいましたが、明るい笑顔でした。

この話には後日談があります。半年ほど経ってまた同じところで講演会があったのですが、「先日はありがとうございました」と言って、その方がお見えになりました。その後、毎日毎日、感謝をして、何事もないことに手を合わせてお礼を言っているそうですが、何事もなくほんとうに平穏無事に毎日が過ぎていっている。ありがたい。何かが変わったわけではないのに、状況がなにも変わったわけではないのに、心が平穏になり、穏やかで豊かで幸せである、ということを話しにきてくれました。

三つ目の話。

講演会が終わって、初めて二次会に来たという方が私の右隣に座りました。そして、「質問していいですか?」と私に声をかけてきました。

「実は、今日のお話のように自分はたくさんの幸せを感じ、とても恵まれていて、悩み・苦しみがないのですが、一つだけどうしても超えられない悩みがあります」

というごとでした。

「どんなことですか？」

「実は結婚して十年経つのですけれど、子供ができません。いろいろなことをしているのですが、どうしても子供ができないのです。それだけが悩みで、ずーっと悩んで苦しんでいます」

というお話でした。

「そうですか。結婚して十年経って、子供が欲しいと思っているということは、ご主人がとてもいい人で、優しい人なのですよね？」

というふうに問いかけました。

「ほんとうにそうです。とても優しくて、いい夫です」

と彼女は答えました。

「もし、舅姑との関係が悪くて、頭にきて腹を立てるような日々だったら、多分、その家の子供が欲しいとは思わないでしょうから、舅姑との関係もいいのでしょうね？」

と、私は問いかけました。

「ほんとうにそうなんです。舅さんも姑さんもとてもいい人で、私は恵まれてほんとうに幸せです」

と、彼女は答えました。

「そうですよね。親戚の人もみんな、いい人なのではありませんか？」

彼女は答えます。

「ほんとうにそうです。私はほんとうに優しい人たちに囲まれていると思います」

という答えでした。

「では、伺いますが、その方たちの一人にでも、手を合わせて感謝をしたことがありますか？　自分がどれほど恵まれているかということに、手を合わせて感謝をしたことがありますか？」

と聞きました。

「え？」

と小さく声を発した彼女は、そこからまた前の例と同じように、どわーっと涙を流し、二十分ほど泣き続けました。私は、その泣いている彼女の耳にこういう言葉を伝えました。

「もし私が神さまだったならば、あなたのその唯一のお願いごと、頼みごとを、絶対聞かないと堅く決意したかもしれない。そして、もし私が神さまの友人であったならば、神さまがこの人のいうことを聞いてあげようかなと思ってやってきたときに、神さまの目の前に立ちふさがって、この人のいうことを聞いてはいけないと邪魔をするかもしれません」

というふうに申し上げました。

なぜなら、子供ができないことばかりを挙げ連ねて、実はそれ以外に、自分がどれほど恵まれているかということに感謝をしていないのではないですか。

もし、自分がどれほど恵まれているかということに気がついたならば、恵まれてないその一点を悩み・苦しみだといって挙げつらうのではなくて、来る日も来る日も、自分が恵まれていることに手を合わせて感謝をしているのではないでしょうか。

そういうことに全然感謝をしないで、ただひたすら、

「これが足りないから、これをよこせ」

「あれが足りないから、あれをよこせ」

と言い続けている人には、神は微笑《ほほえ》まないような気がするのです。

ですから大事なことは、今、置かれている状況に対して、ほんとうにありがたいと思うこと、感謝をすること。その感謝、ありがたいと思うことの中には、子供がいないということも含まれるのです。子供がいないことも含めて、それを全部受け容れて、その状態をも含めて感謝をすること。これがほんとうの感謝です。

自分の思いどおりになったら感謝するけれど、思いどおりにならない状態で

は感謝をしない、というのはほんとうの感謝ではないのかもしれません。ほんとうにほんとうにたくさんのものに恵まれているのであれば、その恵まれているもののほうに目を据えて感謝をする。

足りないものだけを挙げ連ねて、

「神様、これをください」

「あれをください」

というのは、ほんとうは、神さまや宇宙に対する冒瀆《ぼうとく》なのかもしれません。

この話にも後日談があります。

「子供が欲しい」と言った女性が、一年ぶりに私の前に現れました。講演会のあとの二次会の自己紹介で、彼女はこう言いました。

「相談したときに言われたことは、すごいショックでした。今まで一度も言われたことのない言葉でした。でも、そのショックは『確かにそう……』と思え、体中にしみ込みました。

なんと、私は今、妊娠七カ月なのです……」

みんなの猛烈な拍手。

十年間できなかった子供が、受け容れて「感謝」することを始めたら、なんと授かった……。

奇蹟はあちこちで起きるのです。

［第七章］◉人は、喜ばれると嬉しい

人間だけが持つ三つ目の本能

前章の三つの話に象徴されるように、悩み・苦しみというのは、結局は、「自分の思いどおりになっていないものを、自分の思いどおりにしたい」というところからきています。今、置かれている状況がいかに恵まれているかというところに視点が置かれていなくて、足りないものがこれだけある、自分にとってあれが欲しいこれが欲しい、思いを達成したい、思いをとげたいというところから、すべての悩み・苦しみが始まっているように思えます。

悩み・苦しみの根元は「思い」である。思いどおりにならないということが、悩み・苦しみの根元であり、「思い」を持たなければ、人間は悩み・苦しみが生じないのだということを述べてきました。

ここまで話をしてくると、必ず以下のように反論する人がいます。

人間には達成目標が必要なのではないか。努力目標が必要なのではないか。

人間はそうしなければ、成長しないのではないか。目的意識を持ち、問題意識を持って生きていくことが大事なのではないか。努力しない人間は意味がないのではないか——。

こういう趣旨の発言をする人がたくさんいます。こういう質問に対しては、次のような根元的な話をしなければなりません。

人は動物の一部です。カタカナでヒトと書いたとき、動物の一部であるヒトということを示します。そして、動物の一員であるヒトは、二つの本能をほかの動物たちと同じように神によって与えられました。動物に与えられた二つの本能とは、自己保存＝自分の命を失わないこと、種の保存＝子孫を残すこと、この二つです。

自己保存と種の保存というのが動物に与えられた二つの本能です。動物たちは集まって、群れをなして生活をしている動物たちもいますが、キリンが集まっていたり、シマウマが集まっていたり、バッファローが集まっていたり、集団で生活をしているのは、社会生活を営んでいるわけではありません。一匹一匹が自分の身の安全を高めるために集団生活を営んでいるのであって、分業のような形で、それぞれが自分にできることを少しずつやりながら社会を構成している動物は、実は人間以外には存在しないのです。

人は動物学的に分類されるとヒトですが、「人の間」に生きていて、初めて人間というものになりました。自分ができることを社会に向けて行っていくこと。その社会を支えるという一つひとつの行為が集合体として集まって人間社会、「人の間」の社会というものを構成しています。

動物界の頂点に立つ人に対して、どうも神は三つ目の本能を与えたように思います。

三つ目の本能とは、「喜ばれると嬉しい」という本能です。

人は、喜ばれると嬉しい。

この言葉を聞いたり読んだりしてしまったら、多分、ここから先は、皆さんの生き方が少し変わるに違いありません。この言葉を一生涯聞かなければ、人間は変わらなかったかもしれないのです。

しかし、この言葉を耳で聞くなり、目で読むなりということをしてしまった結果、その瞬間から、その本能にカチッとスイッチが入ってしまいました。人間は「喜ばれると嬉しい」という本能を、動物界の中で唯一いただいている動物なのです。

動物と神との間に存在する生物、これが人間です。人の間と書いて、「人間」でした。動物と神との間に存在する人間は、動物が二つの本能だけをもっているのに対し、三つ目、「喜ばれると嬉しい」という本能を持っている生物なのです。そして、その三つ目の「喜ばれると嬉しい」という本能は、実は神が特別に人間にだけ与えたものでした。

神は、たった一つのエネルギーしか持っていないようなのです。神は「喜ばれると嬉しい」というエネルギーだけの塊のように思えます。神は自ら持っている「喜ばれると嬉しい」というエネルギーを、生物界の頂点、動物界の頂点に存在するヒトにだけ、与えたのではなかったでしょうか。
その結果として、私たちは動物でもあると同時に神のエネルギーを一部、いただくことになった。喜ばれると嬉しいというのは、この言葉を聞いてしまったあと、この言葉を読んでしまったあとから、どんなに抵抗しても自分の心の中で動き出してくる概念です。もう後戻りはできません。

人間がほんとうに心の底から幸せを感じられるのは、喜ばれた時です。喜ばれると嬉しい。喜ばれる存在になること――実は、これが私たち人間に生命と肉体を与えられたことの意味でした。

喜ばれる存在になることとは、もう少し庶民的な言葉で言い換えると、いかに頼まれやすい人になるか、いかに頼まれごとをするかということになるのです。人の間で生きていて人間、自分がどれほどの達成目標や努力目標を立ててそこに到達するかということではなくて、人の間でいかに喜ばれる人であるか、いかに喜ばれる存在であるかということが、人間としての価値のように思えます。

人生は生まれる前のシナリオどおり

喜ばれる存在であることはイコール、いかに頼まれやすい人であるか、いかに頼みごとをたくさんいただけるかということに尽きるのです。ですから、このことを発展させていくと、自分の思いを持ち、自分の達成目標、到達目標を作り上げてそこに努力邁進《まいしん》することは――「思い」を持ってはいけないというわけではありませんが――「思い」は必ずしも持つ必要のないものであるということをもう一つお話ししたいと思います。

いろいろな現象を見つめてきて四十年ほど経ちました。唯物論的に現象を見つめてきて、行き着いた結論がいくつかあります。その中の一つは、私たちの人生は生まれる前に自分ですべてのシナリオを書いて出てきているらしいというものでした。

私たちは今、目の前で、右に左に常に選択できる状況におかれているように思います。例えば、東京駅で右の列車に乗ったら八戸へ行く。左の列車に乗ったら新潟に行く、というふうに分かれている状況を設定してみます。どちらへ乗っても自由に選択ができるように思います。プラットホームを歩いている人はいつでも自由に右も左も選べるということで、羨《うらや》ましい存在に見えるかもしれません。

しかし、よく考えてみましょう。プラットホームに上がってくるにあたってどっちへ行くのか――八戸に行くのか、それとも新潟へ行くのかをまったく決めずに、その目的地へのチケットを持たずに、このプラットホームに上がってくる人がいるのかどうかという点です。

右に乗ったら確かに八戸に行きます。左に乗ったら確かに新潟へ行くのですが、では、どちらを選んでもいいではないかという状況でこのプラットホームへ上がってくる人はいません。必ず、ある因果関係を持ち、八戸方面に行くという目的を持って上がってきて、八戸行きの列車に乗り込みます。あるいは新潟へ行くという目的を持って、それで新潟行きの列車に乗り込みます。どちらも自由に選べるという状況でそのプラットホームに上がってくる人はいないのです。自由選択できるように思えているだけで、実は自由選択をしているというのはどこにもないのかもしれません。

因果関係の結果として、ドミノがずーっと倒れてきた結果として、そのまま同じ形状、同じ材質、同じ重さ、まったく同じドミノが、淡々とパタパタッと倒れていくに過ぎません。

自分でいろいろなことを選択しているように思わされてきましたが、実は選択の余地のないことの積み重ねであったように思えます。そちらしか選択の余地がなかった。それしか選べなかった。――人生はそれの積み重ねのような気がします。

実は生まれる前に全部シナリオが決まっていてそのとおりに選ばざるをえないように、必ずそのように選ぶように人生が設計されているようです。

では、選択の余地がなくて、すべてが決まっているのであれば、例えば、小林の話を聞いて、小林の本を読んで、昨日までは妻子を怒鳴りつけ、社員を怒鳴りつけて激しい人格で生きてきたけれども、今日からは穏やかに皆を味方につけながら生きていきたい、と思ったとします。

その結果として、自分の人生や考え方が変わったではないか、路線が変更されたではないか、新しい道を選択したではないかと思う方がおられるかもしれません。しかし、それもすべて決っていたことらしいのです。

そういう本に出会うこと、そういう人の話を聞くこと、その話を聞いたことによって自分が「そうか」と思い、では明日から、あるいは今日から、新しい生き方に切りかえよう、変革した生き方に切りかえようと思うこと自体が、全部シナリオであったということのようです。選択をしてもかまわないのですが、実はその選択は全部、生まれる前に決まっているようなのです。

学校を選ぶにしても、結婚にしても、仕事場、職種を選ぶにしても、よく考えてみると、自由に選択をしたように思えるものの、実はそれしか選べなかった。必ずそこに行くようになっていたというように思えます。一つひとつじっくりと検証していくと、そういう結論にしかならないのです。

選ぶ余地があったように見えますが、実はそれしか選ぶ道がありませんでした。それを選択するように、ありとあらゆる状況がそちらに向かって流れていたのです。そして、それを選択した結果、また新たなところへ連れていかれました。そして、その新たなところで、また次の選択をと、それしかできないようにさせられていた。

考えれば考えるほど、検証すればするほど、自分の意志によって、自分の自由選択によって人生を組み立てているということがなかったように思います。

生まれる前に完全に自分の意志で自分の今回のシナリオを書いてきました。そして、生まれてからは、その自分の書いたシナリオのとおりにことが起き、そのシナリオのとおりに選択をし、そのシナリオのとおりに結論を得て、そのように生きていくということになっているようです。

すべてを淡々と受け容れる

今、生きている自分の人生が、生まれる前に全部、自分の書いたシナリオであったということを認めることができると、先ほどの達成目標や、努力目標はいらない。喜ばれる存在であればいい。それはイコール、頼まれごとがあればそれでよし、ということと同じ結論になってきます。生きることに力を入れる必要がありません。生きることに気迫を持って臨む必要はないみたいです。

夢や希望をたくさんもってそこに努力邁進しなければいけないという人生は、もしかしたら、そのように洗脳された結果なのかもしれません。生きることにそんなに力をいれなくてよいみたいだ。頼まれごとをするだけで、努力目標や達成目標は必ずしも立てなくてもいい。

楽しい人は立ててもかまわないのですが、必ずそれを打ち立てて、そこへ向かって歩まなければならないということはないように思います。

しかも、生まれる前に、全部、自分でシナリオを決めてきた、その書いたシナリオのとおりいろいろなことが起きてくるので、そこで起きてきたことに対して、とやかく不平不満、愚痴、泣き言、悪口、文句、否定的な言葉を並べて、論評・評価するよりは、それを淡々と受け容れて、「ああ、そうなりましたか」と生きていくことのほうが、はるかに楽な生き方でしょう。

大学時代以来、人の未来を見ることが何十例かありました。

向こうから勝手に見えてきた場合もあるし、こちらから、この人の未来を見てみようということで見た場合もあります。その結果、未来はことごとくそのとおりになりました。

ちがう結果になったものは一つもありませんでした。

唯物論的にいうと大変に難しく、なぜか分かりませんが、未来が確定的に存在しているのです。私たちは自分の自由選択の結果として、自分の人生を作れると思い込まされてきましたが、実は生まれる前に決めたとおりの人生が目の前に展開していくだけのようなのです。病気とか事故とかいつ死ぬかとか、そういうことは生まれる前に全部決めてきたらしいのです。

実は目の前に起きる現象すべてが、大きいこと、小さいことに関係なく、すべてのことが全部、決まっていたらしい。全部、決まっているようなのです。ですから、眼の前に起きる現象について、特に否定的な論評というのはいらないように思います。不平不満、愚痴、泣き言、悪口、文句という否定的な論評を加えたところで、その現象が変わるものではありません。

では、その現象を「気に入らない、気に入らない」「不幸だ、不幸だ」「悲劇だ、悲劇だ」ということ以外に、その現象を乗り越える方法はあるのかというと、答えは「ある」のです。

それは「受け容れる」ということ。

自分の思いどおりにならない現象を、自分の思うとおりに作り変えようとするのではなくて、それを淡々と受け容れること。それが結果的にいちばん楽で、自分にとって悩み・苦しみの少ない生き方なのだということです。

[第八章]◉宇宙を味方にする

「思いどおりにしたい」は、神や宇宙への宣戦布告

ある人が野球の球団を買い取ろうとして買い取れませんでした。次に放送局を買い取ろうとして、買い取れませんでした。次に議員になろうとしてなれず落選しました。ひと言でいうと、思いどおりにしようと思ったことが、すべて思いどおりにならなかった。

この人はとても頭のよい人で能力も高いものでしたが、思いどおりにならないことばかりだった。能力も高く、それなりの努力もできる限りしたのでしょうが、思いどおりにならなかった。

ひと言でいうと、

「宇宙の味方が得られなかった。宇宙が味方になってくれなかった」

ということです。

ここが非常に重要なポイントなのですが、思いが強ければ強いほど、つまり

「これをどうしても実現するぞ。どうしても手に入れたい。どうしても思いどおりにしたい」と思う心が強ければ強いほど、実は、

「いま自分が置かれてる状況が気に入らない」

と言っているのです。半分以上「否定」している。

「いま自分が置かれている状況が気に入らない。自分を取り巻いている状況が気に入らないんだ」と強く言っているということは、その状況を作ってくださっている宇宙や地球や神というものに対して、「あんた方のやってくれてることが気に入らないんだ、気に入らないんだ」と、強く激しく主張していることになります。このポイントは非常に重要です。


もう一度くり返しますが、この人は普通の人にはとてもないほどの高い能力を持ち、頭もよく、たくさんの資金力も有していました。その力をもってすれば、すべてのことが不可能でなかったのかもしれませんが、実際には何一つ思いどおりになりませんでした。宇宙や神を味方にすることができなかったからです。

思いが強ければ強いほど、地球や宇宙や神は、その人の味方に回りません。思いが強いということは、「気に入らないんだ、気に入らないんだ」というふうに、宇宙や地球に宣戦布告をしていることにほかならないからです。

さて、この思いどおりにならないことを思いどおりにしようと思う気持ちが宣戦布告である、ということが分かったならば、逆に、

「いま自分が置かれている状況がいかに幸せであるか、いかにありがたいものであるか」

というふうに気づく場合もあります。そこに気がついたとき、私たちは手を合わせていま置かれている状況に感謝することになります。思いどおりにしようと思うことは、イコール「いま自分が置かれている状況が気に入らない」と言っていることなのですが、逆にいま自分が置かれている状況が、とてもとてもありがたいことであるということに気がついたときには、ただひたすら、その人間からは感謝の言葉、

「ありがとう」

という言葉が出てくることでしょう。

思いどおりにしよう、思いどおりにしたいと思えば思うだけ、逆に、「感謝」というところからは遠いところにいる。
これが宇宙の法則であり、宇宙の真実です。

「たくさん思いを持て、思いを持ってそこに向かって努力邁進しろ」というふうに私たちは教育を受けてきました。

しかし、宇宙の摂理や宇宙の構造あるいは宇宙の法則からすると、「思い」が強いこと、思いどおりにしようと思うこと、その思いどおりにしようと思う概念が強ければ強いほど、感謝という概念からは遠いところにあります。

夢や希望を持ちなさいと私たちは教えられてきました。しかし、現在、私は、夢も希望もありません。夢も希望もまったくない状態で、何十年も生きています。よく考えてみると、夢や希望に満ちあふれた生活というのは、「あれが欲しい、これが欲しい、あれも手に入れたい、これも手に入れたい、まだまだ欲しい、もっともっと欲しい」と言っていることではないのでしょうか。

夢や希望という言葉はとてもよいことのように語られてきましたが、実は「夢や希望を持って、夢や希望を手に入れたい」という一連の過程は、すべて「いま置かれている状況が気に入らない、不満だ」と言っていることになるのではないでしょうか。

いま目が見えること、耳が聞こえること、呼吸ができること、話ができること、ものが食べられること、自分の足で歩けること、周りに同じ言葉を有する同じ仲間がいてくれること、自分の言ったことが理解してもらえること……ありがたいことです。

人間は空気や酸素がないと死んでしまうわけですが、その空気や酸素が常に何者かによって供給されていること。人間は水がないと死んでしまうのですが、その水さえも天から無料で降ってくるということ、何者かが無料で提供してくださっているということ。酸素がないともちろん死んでしまうわけですが、私たちがはき出した炭酸ガスを吸いこんで、それを酸素に変えて、私たちを生かしてくださっている植物もありがたい存在なのです。

何かを求めることよりも、ありとあらゆることが、いま存在している私たちを取り囲んでいるありとあらゆることが、すべて感謝の対象でしょう。いまあるがままのものに対して、ほんとうに心から感謝ができると、思いどおりにしようと思うことが、実は自分が置かれている状況に対して、さらなる欲望を上乗せしているだけなのだということに気がつきます。

宇宙を味方にする最良の方法とは、ありとあらゆることに不平不満、愚痴、泣き言、悪口、文句を言わないこと。否定的、批判的な考え方でものをとらえないこと。これに尽きるのです。

宇宙は努力や頑張りをまったく評価してくれないようです。努力をしている人、頑張っている人で思うようにならない人は、世の中にたくさんいます。宇宙は努力や頑張りを評価の対象としていないようです。

不平不満、愚痴、泣き言、悪口、文句を言わないこと、そして喜びをもって肯定的な目でもって現象をとらえていること。

すべてのことに対して「嬉しい、楽しい、幸せ、愛してる、大好き、ありがとう、ついてる」というような肯定的な言葉でものをとらえることが、宇宙を味方にする最短で最善、最良の方法のように思えます。

よく、「思いは実現する」ということを教えているところがあります。思いは実現する、強い思いは必ず実現するというふうに教えているところがあります。

私は、この考え方には賛成できません。もし、思いが必ず実現する、強い思いは必ず実現するというのであれば、世の中に癌で死ぬ人はいないはずです。癌を宣告されて生き延びたいと強く思う人は、山ほどいるでしょう。その人たちは、他の人よりも何十倍も何百倍も強い思いを持って、癌を克服したいと思っているはずなのに、残念ながら克服できずに死んでいきます。

会社を倒産させたくないという経営者の強い思いは、普通の人よりもはるかに強いでしょうが、手形が不渡りになりそうだという人がいくら強い想念を持っていても、不渡りは必ずやってくるし、会社は倒産するのです。「強い思いを持っていれば必ず思いどおりになるんだ」というふうには、宇宙はなっていない。むしろ、強ければ強いほど、その反対にものごとが動いていくのかもしれません。

そこに関わっている宇宙の法則とは、「宇宙が敵になっているのか味方になっているのか」ということのように思えるのです。

何が問題なんですか

あるところで、一泊二日の泊まり込みの旅行がありました。数十人の人が泊まり込み、夜を徹してしゃべり、翌朝も一緒に朝食を食べました。私が朝食を食べに行ったとき、大広間に四列の人たちが朝食を摂っていました。五人、五人、三人、二人という四列でした。私は二人のところに隣り合わせ、三人目に並んで朝食を食べ始めました。

その隣の二人はご夫婦だったようです。同じ浴衣《ゆかた》を着て二人でお話をしていました。私の隣には奥さんのほうが座っていました。私の顔を見るなり、その奥さんが話しかけてきました。「質問してよろしいですか」「どうぞ」「実は私の子供なんですが……」というふうに話をし始めました。私は、そこで両手でバツを作りながら、にっと笑って「ブー」と言いました。

実は、その前夜に数十人でお茶会をやったときに、何人もの人から同じような質問を受けていたのです。その質問とは「自分以外の人間を自分の思いどおりにするにはどうすればよいか」というものでした。質問している人は、それぞれ全部、状況が違います。自分の思いどおりにしたいその対象は、子供であったり、親であったり、夫であったり、妻であったり、職場の同僚であったりはするのですが、結局は、自分を取り巻いている人間関係のなかで、気に入らない人を「自分の思いどおりにしたい」というのが悩み相談のほとんどでした。それを昨夜のうちに何回も何回もくり返し言っていたのです。

一夜明けて、その奥さんが口にしたことが、「実は自分の子供なんですが……」ということでした。笑いながら、「ブー」と両手でバツを作りました。

「また、自分以外のことの質問なんですね、実は……自分の質問のようにご本人は思ってるでしょうけど、結局は自分の思いどおりにしたいということですよね」

と言いました。一分ほどこの方が黙っていました。また口を開きました。

「職場にですねぇ……私にすごくつらく当たる上司がいるんです」。私はまた笑ってしまって、手でバツを作って「ブー」と言いました。「また、自分以外の人を自分の思いどおりにしたいという話ですね」。その奥さんは一分ほどじいっと黙っていました。一分ほどの沈黙の後、また口を開きました。「実は近所にですね……」。私は、また、その時点で両手でバツを作って「ブー」と言いました。「また、近所の人を持ち出してきて、またまた自分以外の人を自分の思いどおりにしたいという話ですよね。もうそれをやめませんか。自分がどう生きるかということに徹することにしませんか」と言いました。

そして、私は、次のような話を続けたのです。

いま、三つの質問を承りました。三つともあなたは「これが問題だ、これが問題だ」と挙げ連ねようとしました。もしかすると、日常生活でほとんど笑顔がない状態で、そのように行く先々で、家庭の中で、職場で、あるいは友人の中で、いつもいつも「これが問題だ、問題だ」と言い続けてきたのではありませんか。もし、私があなたの上司であったならば、あなたの顔を見たら、「これが問題だ、これが問題だ」と言っているあなたに対して、自分に近づいてこないように、より厳しく、より冷たい言葉を投げかけるのではないでしょうか。「私のそばに寄ってくるな」という意志や作用が明らかに働くと思います。あなたの職場の上司もそういうことで冷たくつらい言葉を投げかけてくるのかもしれませんよ。「『問題だ、問題だ』というふうに問題を態手で集めてくるのをやめにしませんか」と言いました。

ふと見ると、その奥さんの向こうに座っているご主人が、向こうを向きながら拍手をしているではありませんか。それも、とてもとても嬉しそうに。「どうしたんですか」と聞きました。ご主人が笑顔でこちらを向いてこう言いました。「正観さん、すごいです。結婚して二十年ほど経つんですが、この人に何とか言ってあげたいとずうっと思っていました。しかし、自分の力ではどこが問題なのか、何をどう指摘していいのかが分かりませんでした。正観さんはわずか一、二分話をしただけで、妻に対してほんとうに的確な最大の指摘をしてくれました。そこの部分、まとめてもらってほんとうによかったです。私が言いたかったことが、たぶんそれなのです」と言いました。

ご主人はほんとうに嬉しそうにニコニコニコニコと笑いながら、私にそのような話をしました。間に挟まれた奥さんは、その間、一度もニコリともせずに下を向いたまま黙々と朝食を食べていました。「そうですねえ……」という方向にはならなかったので、家庭に帰っても相変わらず、「問題だ、問題だ」と言い続けているかもしれません。

実は、この奥さんには、問題など一つも存在してはいないのです。自分が「問題だ、問題だ」とくり返してきた結果、周りの人はこの人のそばに寄り、この人のそばの空気を吸うことに耐え難くなってきたのではないでしょうか。なるべくこの人がそばに寄ってこないようにという意味で、子供さえも強い言葉を言ったり、言うことを聞かなかったり、否定的な言葉を言ったり、その母親の顔が曇るような言葉を投げつけたりということをくり返してきたのではないでしょうか。

問題はとてもとても簡単。「問題だ、問題だ」というふうに言っている自分のその感性を完全に止めることにあるのです。

「こんな楽しいことがあってね、こんな嬉しいことがあってね、こんな幸せなことが実はあったのよね、こんなおもしろい話に出会ったのよね、つい最近読んだ本がものすごくおもしろい本だった」

そういうように笑顔で話す人がいたら、その人の周りには人が集まると思います。その人の口から出てくる言葉が「嬉しい、楽しい、幸せ、愛してる、大好き、ありがとう、ついてる」（この七つを、「七福神」ならぬ「祝福神」と名づけました）。そういう喜びの言葉、幸せな言葉というものが外に出てきたら、それを喜ぶ人たちがたくさんいます。

「問題だ、問題だ」と問題点を探し出すよりも、受け容れることで自分が楽になるのです。そして、受け容れることでさらにそこに喜びを感じ、幸せを感じ、さらに感謝を感じることができたならば、その一つひとつの言葉に人々は癒《いや》されて、明るい気持ちになり、その人の周りに皆さんが寄ってきます。そして、周りの人がみんな笑顔になり、笑顔の集団が出き上がります。

ストレス

悩み・苦しみというふうにはっきりとした自覚はないのだけれども、精神的にいつも重圧を感じている――これをストレスと言います。本来は、ストレスとは金属疲労のこと。鋼《はがね》という金属は、ある一定以下のプレッシャーを何千回でも何万回でもはね返しますが、例えば、普通の鉄であったり、アルミニウムであったり、ジュラルミンであったりすれば、少しずつ少しずつ金属が疲れていって、いつか壊れる時が来ます。これが金属疲労というもので、これを英語でストレス（stress）と言います。

実は人間は、悩み・苦しみというはっきりした自覚症状がなくとも、潜在意識の中で重圧を感じ、圧力を感じ、重苦しいというふうに感じながら生きている場合があります。これがストレスです。はっきりした自覚症状がないにしても、何となくいつも何かに追われ、何かに押さえつけられているような感じです。ひと言でいうと、ストレスは「思いどおりにならないこと」から始まります。

ストレスを放置しておくと、疲労になります。疲労は睡眠不足とは違います。睡眠不足は寝ればとれるのですが、疲労は寝てもとれません。もとがストレスだからです。ストレスを放置しておくと、疲労になります。疲労を放置してそのままにしておくと、凝り、張り、痛みという自覚症状につながります。凝り、張り、痛みを放置しておくと、臓器の故障——これを病気といいますが——になります。臓器の故障まではまだ修復が可能ですが、そのあとに臓器の停止というものがどこかに起きます。臓器が機能を停止する——これを「死」といいます。五臓六腑どれか一つでも機能停止した場合に、人間は生きていくことができません。

例えば、心臓が動いているけれども、肺が機能停止してしまった、あるいは肝臓が機能停止してしまったというような場合に、他の臓器が健全に働いていても人間は生きていくことができません。臓器の停止は死を意味します。いちばん最初の「ストレス」から、二番目「疲れ」、三番目「凝り、張り、痛み」、四番目「臓器の故障イコール病気」、五、「死」に至るまで、一から三に飛んだり、二から四に飛んだり、三から五に飛んだりはしないのです。必ず、一から二、二から三、三から四、四から五という過程をたどります。つまり、いちばん最初の問題は「ストレス」です。

思いどおりにならないことを自分で自覚をし、それをずうっと持ち続けながら重苦しい日々を送る――それが「ストレス」。それはひいては「疲れ」になり、「凝り、張り、痛み」になり、「臓器の故障」につながる。

思いどおりにならないことを引きずらないためにはどうすればよいか。

思いどおりにしようと思うことをやめること。

それは、もう少し簡単に言ってしまうと、思いを持たないこと。

自分がやる羽目になったことはやる。あるいは頼まれたことはやってよいのですが、自ら何かをしなければならないと追い込むのをやめること。その追い込む結果として、自分に圧力がかかり、重圧になり、身も心も暗くなって「ストレス」となります。「ストレス」が過ぎると、鬱病《うつびょう》になる場合もあって、身も心もボロボロになってしまいます。

三つの分野

人は、一人で生きているときが「ヒト」、人の間で生きているときが「人間」ということを述べてきました。人間は動物とはまったく違うジャンルを三つ持っています。

人間以外の動物がこの三つのジャンルに参加してくることはありません。人間だけがこの三つのジャンルを持っているのです。

「芸能と芸術とスポーツ」

これは人間が精神活動として行うもので、実は人間が周りの人間に喜ばれるためという活動を凝縮させた結果、浮かび上がってきた三つのジャンルです。

自分の衝動で絵を描いている、自分の衝動で美しい音楽を作ったのだというふうに表現する人はいますが——そう思ってもかまわないのですが——実はこの三つのジャンルは、「喜ばれたから嬉しい」というのが、すべての動機になっています。

例えば、宮廷音楽にせよ宮廷絵画にせよ、いま残っている名画・名曲とされるものは、ほとんどが宮廷などから頼まれたものです。依頼されて作ったものでした。自分の内なる側からの欲求の結果として作ったというものはほとんど残っていません。頼まれたので仕方なく……と思ったかどうかは分かりませんが、とりあえず頼まれたことを淡々とやった結果のものが今日、音楽も絵画もすべて残っているのです。

人間のレベルの高い仕事というのは、頼まれたことを「しょうがないなあ」と思いながらやるところにあるように思えます。自分の内なるものということで物を作っている間は、かなりレベルの低い所に留《とど》まってしまうのかもしれません。頼まれごとは、ある基準を満たさなければなりません。その結果として、

「しょうがないなあ」と思いながらやっていくわけですが、それが実は、後世に残る仕事になるのかもしれません。頼まれごとこそが本質なのです。

その三つの分野は、それぞれの分野を通して、周りの人間たちに安らぎや癒しの効果を与えるものでした。癒しの効果が高ければ高いほど、神から評価を受け、多くの人々から支援を受けるようになっています。

音楽にしても、絵画にしても、彫刻にしても、文学にしても、芸術の分野は、それに接した人がいかに癒されるか、癒し効果の高いものほど、神や宇宙から応援をいただくようになっているようです。

大変おもしろいことに、歌がうまいから、声楽家だからCDが売れるというふうにはなっていません。絵もそうです。大変に上手だから、写真のように正確に描くことができるから売れる、というものでもありません。

なぜか。その絵を見たときに安らぐ人が多い、多くの人が癒されるという効果があるときに、その絵は高い評価を受けるのです。

歌もそうです。その声を聴き、その曲を聴き、多くの人が癒され、安らぎを感じたときに、その曲は多くの人から、宇宙や神からの応援・支援を受けるのです。

では、スポーツはどうか。

スポーツを人間の精神活動の中で癒しのジャンルととらえる人は少ないかもしれません。勝敗を争うことで、勝ったの負けたのというところに行きがちだからです。

実は、スポーツを宇宙的に定義すると、「勝ち負けをゲームとして争う、癒し的な行動」ということになります。つまり、勝ち負けを便宜的に争ってはいるけれども、実は勝ち負けを争うゲームをしている人たちのさわやかさ、さわやかな行動が、それを見ている人たちに癒しや安らぎを与えるのです。

したがって、「勝つためにはどんな手も許されるんだ、勝つためにはどんな汚いことをしても、あくどいことをしてもいいんだ」というような手段を選んだ人は、宇宙から評価を受けません。宇宙から支援を受けなければ、どんなに実力があってもうまくいかないことになります。

例えば、バレーボールの場合、フェイントという方法があります。フェイントというのは、思い切りボールを叩く、思い切りアタックをするというのとはちょっと違う行為です。これは、点を稼ぐ、勝ち負けのためにどうしても一ポイントを拾わなくてはいけないというときに使われるわけですが、もともとスポーツは、安らぎや癒しを与えるためのものでした。ですから、思い切りアタックをしなければいけないのです。点数のためにフェイントを使うというようなことを、宇宙や神は肯定的には評価をしません。

おもしろいことに、フェイントを多く使うチームというのは、なぜかその試合に勝てません。フェイントを多く使ったときは、そのチームはなぜか勝てないのです。宇宙や神が応援しないということにほかなりません。

勝ち負けを争うゲームなのですが、勝つためにちょっと美しくない行為、それはやらなくてもいいのではないか、もう少し気分よくできる方法があるのではないかと思われるときに、勝つための姑息《こそく》な手段を使ったときに、神や宇宙が離れるように思います。

もともとスポーツは確かに勝ち負けを争う競技ではあり、勝ち負けを争うという目的ではあるのですが、そこに参加し、見物に参加している人たちに、癒しや安らぎを与えるためのものでした。ですから、気持ちよく、みんなが笑顔になるようなさわやかさというものが、とても重要なのです。

折しも、この原稿を書いているとき、二〇〇六年の冬季オリンピック、トリノにおけるオリンピックが開催されていました。テレビではメダル、メダルと騒いでいるのですが、本来スポーツは人間のさわやかさを多くの人に見せて感動を与えるもので、メダルや勝敗にこだわるものではありません。勝敗を争う過程の中で、いかにさわやかで見ている人を癒しの世界に多く誘うかということを問われているのです。さわやかで癒し効果の多くある人は、必ず宇宙から神から応援・支援を受けます。

高校野球で勝つために、相手高校の四番打者を五回連続敬遠したチームがありました。その行為は醜いということで大変大きな糾弾を受けたのですが、逆にその五連続敬遠を受けた高校生はひと言も文句をいわず相手を非難することもなく、淡々と受け答えをしていたのです。淡々と受け答えをして相手を非難しなかった行為は、神や宇宙によって高く評価されました。彼はプロ野球の選手になり、ついには大リーグの選手になり、そこで多くの活躍をすることになりました。

さわやかさというものが、スポーツにおいてとても重要なのです。勝ち負けを争っている競技・ゲームではあるのですが、勝ち負けを意識するあまり、美しくない行為をしたときに、必ず宇宙が味方から離れます。たとえ勝敗では負けたとしても、さわやかに多くの人に安らぎを与えたとすると、その行為は神や宇宙によって大きな応援・支援をいただくのです。

スポーツだけではなく、実生活の中でも美しくない振る舞いをすると、それが自分に返ってくる場合があります。

源義経は、「判官贔屓《ほうがんびいき》」という言葉のもとになった人です。

九郎判官義経は、兄頼朝から理不尽な仕打ちを受け、東北地方で焼き討ちにあって非業の最期を遂げたということになっています。あれほど、兄に対して尽くしたにもかかわらず、どうしてこのようなひどい仕打ちを受けたのかと多くの人は思い、九郎判官の贔屓をすることで「判官贔屓」という言葉さえ生まれました。

しかし、申し訳ないのですが、私は、九郎判官義経をあまり支持はしていないのです。義経は源平の争いの時に、それまで武士が誰もやろうとしなかったことをしました。ものすごく理不尽なことをしたのです。その結果が自分に理不尽な形として返ってきたというふうに私はとらえています。

義経は源平が船で争ったときに、それまでの武士が決してしなかったことをしました。それは、源氏の兵が平家の船に乗り移った時に、船を操るためだけの非武装の水夫たちを片っ端から斬り殺したことでした。つまり、船を操縦不能にするために、船を自由に動かせなくするために義経がまず最初にやったことは、平家の武士に襲いかかることではなく、刀を持っていない、武装していない水夫たちを斬り殺すことだったのです。

この方法は功を奏し、義経は源平の船の戦いで、次から次へと勝利を収めました。

確かに勝負には勝ったのですが、義経の行いは理不尽極まりないものでした。その理不尽さが義経自らに戻ってくることになります。自分の体に理不尽な仕打ちが降りかかってきました。

美しい話に彩《いろど》られている義経も、実は、そのように理不尽な部分を持っていたのです。その結果として、勝敗を争うゲームにだけではなくて、実生活においても理不尽が理不尽になって戻ってくるという事実が歴史の中にたくさんあるようです。

話が前後しますが、「芸能」の話。

デビューして二十年、二十五年経って、その当時のヒット曲をまた歌う場合があります。その時に、同じように歌うのが恥ずかしいと思うのでしょうか、テンポに乗り遅れながらいかにも自分が音楽の才能に満ちて歌がうまいんだといわんばかりに、終わりをうまく合わせて、非常に聞きづらく歌う場合があります。こういうふうに歌い始めた歌手というのは、それ以後、どんなに努力して頑張っても浮かび上がることがありません。

「芸能と芸術とスポーツ」は、癒し効果の高い人ほど宇宙から応援を受けるようになっています、癒し効果が少なくなったり、癒し効果が減少し、驕り、高ぶり、うぬぼれが前に出るようになった人には、神や宇宙の支援がなくなってしまうのです。

祈りと願い

「祈り」とは本来、神の「意《い》」に、「宣《のり》」と書きました。

「意宣《いのり》」とは、「神の意を寿《ことほ》ぐこと、神の意を祝福すること」。つまり、「あなたの仰せに従います、あなたの望むように生きていきます」というのが、本来の「祈り」の意味でした。

「願い」とはもともとの言葉が「ねぎらい」から来ています。「ねぎらい」とは、「いろいろお世話になってありがとうございました」とお礼を言うこと。

つまり、「ねぎらい」も結局は、「ありがとう」ということなのです。

「祈り」も「願い」も「自分の望みを叶えてください」ということではなくて、「いまあるがまま、この状態をありがとう。ありがたいです」というふうに伝えることでした。

もともと、神社仏閣は、要求をしたり願いを叶えてくれというのではなく、お礼を言う場所なのです。

「あれをしてくれ、これをしてくれ。これを叶えてくれ、あれを叶えてくれ」ということは、神仏に対して「あれが気に入らない、これが気に入らない」と宣戦布告をしに行ったようなもの。聞いてくれるわけはありません。逆にいま自分が置かれている状況がいかに幸せであるか、恵まれているかということについてのお礼を言いに行くと、「ああ、そこまで分かっているんだったら、もっとしてあげようかな」という気持ちに神仏はなるようです。

ですから、恵まれていることに気がつき、「恵まれている。ありがたい」と、言っている人ほど、どんどん恵まれ、もっともっと恵まれていきます。

逆に、「あれが足りない、これが足りない、あれを寄こせ、これを寄こせ」と言っている人ほど、ぜんぜん神仏が聞いてくれないがゆえに、何も手に入りません。心の貧富の差はどんどん広がっていくのです。

感謝している人にはたくさんのものが降ってきて、より感謝をしたくなるし、「足りない、足りない」と言っている人は、より足りないものが増えていって何も満たされない。

現在、私の周りには、初詣《はつもうで》で、

「あれをお願いします、これをお願いします。これを叶えてください、あれを叶えてください」

という人がずいぶん少なくなりました。ただ単に初詣でお願いをするのではなくて、神社仏閣に行ったら、いま自分がいかに恵まれているかについて神仏にお礼を言い、ありがとうを言う人がすごく増えています。

お礼を言いに行くわけですからいつ行ってもいいのですが、十二月三十一日の夜に、夜十時頃にお礼を言いに行って、一年間つつがなく、普通に商売ができ、普通に生きてこられたことを、幸せです、ありがとうございます、と伝えることもできるのです。ずいぶん多くの人がそういう大晦日《おおみそか》のお礼参りをするようになりました。

何かを叶えてくれたらお礼を言う、というのではないのです。神仏との関係は、どうもそういう関係ではないように思えます。

感謝には段階があって、自分の望みや願いが叶った場合に、宇宙や神仏に感謝するという感謝の仕方もあります。しかし、この感謝の仕方は感謝のレベルでいうと、まだ「初級」のように思います。

もう一歩先へ進むと、いまあるがままに、いま自分が置かれてる状況がいかに恵まれているか、それは当たり前のことに囲まれていることなのですが、それに感謝ができるようになります。

「目が見えること、耳が聞こえること、自分の足で歩けること、普通に話ができること、普通に食べられること、話を聞いてくれる友人がいること」

そういう当たり前のすべてのことが、感謝の対象になります。

当たり前のことに感謝ができたら、「感謝の達人の中級者」になったと言えるでしょう。

感謝の達人にはさらに上級者のレベルがあります。

それは、一般的に多くの人が不幸だとか、悲劇だとかいう病気や事故、災難、トラブル、そういうものに遭遇したときのことです。そういう状態にあっても、その結果として、自分が成長できた、大きくなれた、悩みや苦しみの感じ方がずいぶん減ってきた、お陰さまで成長できたというふうに、そのことについて手を合わせることができるようになれたら、これが「感謝の達人の上級者」になります。

ここまでくるとどのようなことが起きても、すべてが感謝、すべてがありがたいのですから、目の前のどんな出来事も、つらいことがなくなってしまう。

上級者になることは、誰のためでもありません。自分が生きるのに非常に楽な方法論なのです。

結局、釈迦が人々を救済したかったことの本質は、「思い」を持たなければ苦しくないでしょう、つらくないでしょう。思いどおりにならないことがあるからつらいのですよね。では、「思い」を持たなければいいですよね、受け容れることですよねということでした。仏教では受け容れることがイコール悟りなのですが、受け容れることの最高峰の状況が感謝ということになります。

釈迦の教えの究極は、実は、感謝することだった。ありとあらゆることに感謝することが受け容れることであり、受け容れることの最高峰が感謝なのです。

九〇度

私たちの許容量・寛容度を仮に一八〇度の中の九〇度とします。九〇度とは平均的にこのぐらいの許容量・寛容度を持っているかなと便宜的に設定したもので、特に具体的な数字の根拠はありません。

さて、九〇度の中に、自分の家族や自分の友人や、自分の同僚がいてくれたとします。自分の許容量・寛容度の中にその人たちがいてくれる場合に、人間はイライラしないですみます。自分の九〇度の寛容度の外に、自分の友人や知人が存在した場合、あるいは新しく現れた人がその九〇度の外に存在する場合に、人間は苛立ちます。自分の思うようにしようと思い、自分の許せる範囲に連れてこようとします。

しかし、連れてこようとして、簡単に来てくれるならば問題はないのですが、簡単には来てくれません。

自分の思いどおりにはならないし、自分の寛容度・許容量の中に、つまり許せる範囲に簡単には入ってくれないのです。だから、イライラすることになります。

簡単に自分の許容量・寛容度の中に入ってくれないのであれば、もう一つの方法論があります。それは、自分が九〇度から一〇〇度になってしまう。あるいは、一一〇度、一二〇度になってしまうという方法論です。

この結果として、自分の九〇度の外にいた人間を許すことができ、認めることができ、受け容れることができます。受け容れること、受け容れる許容量の範囲が広がることで、自分が楽になるのです。

人のためではありません。すべて自分のためです。

一二〇度まで広がったときに、今度はまた新しい人が現れて、一三〇度、一四〇度のところに存在するとします。その人を自分の思いどおりにするのではなく、その人を包み込めるまでに自分の許容量・寛容度を広げてしまう。その結果、その人をも受け容れられるようになります。

その結果として得られるものは何か。

自分がイライラしなくなるということです。許容量・寛容度が上がってしまった結果、一三〇度、一四〇度、一五〇度に存在する人も受け容れられるようになったのです。

では、別の考え方をしてみます。その一三〇度、一四〇度のところに位置する人が、三十歳の時に現れてくれるのと、六十歳になって現れるのと、九十歳になってから現れたというのでは、そのあとの人生の楽さ、楽しさが違います。早い段階で自分を広げてくださる人、自分の許容量や寛容度を広げてくださる人は、ありがたい存在になるでしょう。

六十歳から平均寿命八十歳まで二十年生きるとして、その二十年間を楽に楽しく生きさせてくれる人よりも、三十の時に自分の許容量の度数を上げてくださって、それ以降の五十年を楽に生きさせてくださる方のほうが、ありがたい存在です。

自分の許容量・寛容度を広げてくださる方は、感謝の対象。感謝の人。

ひと言でいうと、これも受け容れるということにほかなりません。

最新の癌治療

現在、癌治療に使われている方法が三つあります。

「手術」。これは、癌の部位を切り取ることです。

二つ目が「抗癌剤による化学療法」。

三つ目、「放射線治療」。コバルト線を照射することで、癌細胞を小さくするというものです。

この三つがいままでは主流でした。

しかし最近、四つ目の新しい治療法が注目されています。四つ目の治療法は「免疫細胞療法」と言います。

人間の体の中にはＮＫ細胞、ナチュラル・キラー細胞というものが存在しています。このＮＫ細胞は癌細胞を見つけてはやっつけるという意味で、自然の殺し屋、「ナチュラル・キラー」というのですが、人間のリンパ液を取り出し、この中のNK細胞を培養し、数を増やし、点滴で人間の体に戻すというものです。末期癌の人、もう数カ月の命と言われていた人が、このNK細胞を培養する方法で治療したところ、何とあっという間に二十四時間で完治してしまったという例もあります。しかも、この方法には、副作用がありません。自分の体の中に存在する自分の細胞ですから、副作用がないのです。

問題が二つあります。NK細胞の培養に手間暇がかかることと、保険の適用を受けないこと。治療費が三百万円ぐらいということですが、三百万円で命が助かるならば安いと言えるかもしれません。

ただ、その三百万円さえも実は使わないで済む方法があります。それは、NK細胞を日常生活の中で常に増やし、活性化しておくこと。

その秘訣は「笑い」です。

NK細胞は、「笑う」と活性化するのです。

NK細胞は人生をはかなみ、つらく思い、「嫌だ、悲しい、苦しい、つまらない、きらいだ、疲れた」というような不平不満、愚痴、泣き言、悪口、文句、怨み言葉、憎しみ言葉、呪い言葉によって、動きを止めるのです。

反対に、「嬉しい、楽しい、幸せ、愛してる、大好き、ありがとう、ついてる」などの言葉を使っていくと、免疫力が増し、体がどんどん元気になり、活性化します。

特にこのＮＫ細胞は、生きることに対して喜びを感じ、幸せを感じ、さらに感謝にまで到達すると、ものすごく活性化するようです。

前向きにというのが、大事なポイント。

抽象論ではなく具体的に、生きることが楽しい、幸せ、目の前に存在する緑の葉が自分にとって嬉しい、青い空がほんとうに幸せだ、酸素が存在すること、水が存在すること、植物が存在すること、そして話を分かってくれる友人がいて、家族がいて、温かな人間関係に囲まれていて、そういうことに気がつき、喜びを感じ、幸せを感じ、感謝に至ると、人間の体の免疫系の細胞が活性化するらしいのです。

実際の癌治療で、ＮＫ細胞がそのように使われているということは驚きでしたが、考えてみれば当たり前のことなのかもしれません。実は人間は、ちゃんと元気に生きられるように神によって創られてありました。つらいこと、悲しいことと思い込むほど、生きる力をどんどん失っていくようです。

いろいろなことを受け容れること、そして受け容れることの最高峰の状況が「感謝」ということ。

釈迦は、「思いどおりにしようとしなければ、悩みや苦しみがないでしょう」と教えてくれたのですが、それは、受け容れることの最高峰――すべてに手を合わせて感謝ができること――ができたら、まったくこの世に悩みや苦しみがなくなってしまう。すべてに笑顔で生きていける、ということを言っていたのかもしれません。

目の前の現象についていちいち論評・評価をしない。否定的な感想を言わない。

タ行「淡々と」、

ナ行「にこにこと」、

ハ行「飄々《ひょうひょう》と」、
マ行「黙々と」、
そのように淡々と笑顔で受け容れながら生きていくこと。
そして頼まれごとを淡々とやり、（喜ばれるようにというのはイコール頼まれごとをすることなのですが）、頼まれごとをし、頼まれやすい人になって喜ばれる存在として生きていくこと。目の前に起きる現象についていちいち過剰に反応しないで、一喜一憂しないで生きていくこと——これがほんとうに楽な生き方なのです。

[第九章]◉釈迦の教えは、「感謝」だった

「そ・わ・か」――三つの実践

釈迦の教えは、

悩み・苦しみとは、思いどおりにならないこと。
それなら、思いどおりにしようという気持ちをゼロにすればいい

というものでした。

執着がなくなった。執着というマイナスのエネルギーがゼロになり、悩み・苦しみもゼロになった。そうすると今度は、そこから人生にプラスを上乗せすることができないかという問いが浮かび上ります。

釈迦は「苦しまないためには、受け容れればいい」ということを教えてくれたのですが、その状態にプラスして、より人生をおもしろくする方法も、実は

宇宙には隠されていました。
その上乗せの方法が、どうやら三つあるようです。
掃除すること、
笑うこと、
感謝すること、
です。その頭文字をとって、「そ」「わ」「か」の法則と名づけました。

「そ」――掃除

まず、「そ」は、掃除です。掃除をしていく――特に水回り、その水回りの中でも、トイレ掃除。

自分の使ったトイレは必ずきれいにする。まことに簡単なことです。

トイレ掃除を繰り返していると、なぜかお金と仕事に困らなくなったという人がたくさん現れるようになりました。人によっては、お金が突然入ってきたとか、十数年、良縁に恵まれていなかった人が急に恵まれたとか、音信不通だった親戚が突然に連絡をしてきて結婚祝いをまだあげていなかったと、二十年前の結婚祝いを急に持ってきたとか、そのようなことがポッポッポッと出現するようになりました。

質問もやってきました。トイレ掃除は三日に一回ぐらいのペースでならできるのだがとか、一日に一回かとか、毎日必ず行わなければならないのかとか、何日おきにやればいいのかとか——。

トイレ掃除は、日数や頻度《ひんど》の問題ではありません。

「自分の使ったトイレは、毎回きれいに磨く」

この単純なことを、大騒ぎをしないで、淡々とする。

くり返し、行う。

これが実践です。

経と緯

その結果、人生がうまくいくようになった、自分の周りの問題が片づいた、そうしたらもうやめた——。それを、神は嫌がるようです。それを「驕り」といいます。

人はとかく、苦しい時の神頼みをするものですが、それが叶ってしまうと、もうやめてしまう——そうではないらしい。

なんとかなったか、ならないか——結果に関係なく、淡々と続けていくことを「実践」と呼びます。

実は、お経の「経」という文字には、タテ糸（経糸）という意味があります。釈迦は、論・律・経という三部経を遺《のこ》したのですが、「論」は、ものごとの成り立ちや仕組みについて説いています。「律」は、仏教徒として帰依した人間は、この世をちゃんと生きなくてはいけないという「律」があります。最後の

「経」は、宇宙の真理を後世に伝えたものです。

この「経」には、タテ糸（経糸）という意味があります。たとえば機織《はたお》りの経糸《たていと》——経線《けいせん》というのは文字どおりタテ線のことで、緯線《いせん》が横糸。織物は、この経糸と横糸の組み合わせです。横糸のない織物というのはない。地球儀の経度・緯度というのは、縦に走っている線が経度、横に走っているのが緯度。

経線《けいせん》——玄奘が、釈迦の教えに「経」という文字を当てて後世に伝えたのですが、なぜ「経」だったかというと、実は「実践」という横糸が見えない限り、一つの形にはならないということを、釈迦は遺したかったのです。

「経」——これが宇宙の真理ですというエキスを語った上で、「こうするとおもしろいよ」という「実践」を遺したかったのでしょう。

そうすれば、ほんとうの形になると。

実践というのは、いつの時代においても、というよりは時代性に関係なく、緯線《いせん》——実践という名の横線が入って、初めて形になる……という意味での

「経」でした。

だから大事なことは、「実践」。

トイレ掃除一つとっても、自分の思いどおりになったから、それではもうやらなくていい――。そうではない。問題がクリアーできたら、もうやらなくてていい――それはほんとうに宇宙や神にゆだねてない。ほんとうに信用してないし、それでは、ほんとうの感謝とは呼べないでしょう。

くり返し、淡々と、「自分の使ったトイレはきれいにする」――これが「実践」です。

「わ」――笑い

筑波大学の村上和雄教授にお話を伺ったことがあります。村上教授のお考えというのは、こういうものでした。

最先端の遺伝子理論によれば、人間の体一キログラムに対して一兆の細胞がある。六〇キロの体重の人は六〇兆個の細胞がある。この一個一個の細胞が、全部一緒だ。同じ細胞、つまり爪の細胞も、頭の毛の細胞も、目の水晶体というレンズを作っている細胞も、全部一緒。脳細胞も、全部一緒。

ではなぜ人間の姿形や機能がこんなに違うのかというと、一つの細胞に三〇億のプログラムが入っていて、そのプログラムを全部書き出すとなると、一千ページの本が一千冊必要になる。

爪になる細胞というのは、「爪になるぞ」というのが「オン」になっていて、それ以外のスイッチ二九億九九九九九九九九が、「オフ」になっている――だから、爪になる。

「目の水晶体になるぞ」という細胞は、「水晶体になるぞ」というスイッチが「オン」になっていて、残りのすべてが「オフ」になっている。これらはすべて、同じ細胞。

村上教授が、生涯残された人生のライフワークとして、そのすべてのエネルギーを集中的につぎ込みたいとおっしゃっていたのは、「笑い」でした。

笑うことによって、遺伝子にかなり影響があるそうです。癌になってしまった癌細胞も、スイッチが「癌になる」とパチッとどこかで入ってしまった細胞で、笑いによってそれが修復できるらしい。例えば、糖尿病なども遺伝子の問題で解釈できるとのこと。

体がどこがおかしくなってしまった――それを修復できる方法が、三〇億のプログラムの中に入っているらしい。それにスイッチを入れられるのは、「笑い」だ。だから、「笑い」が生涯のライフワークのテーマになった、「笑い学会」に入ることになったと言っておられました。

私の過去四十年の人生相談の経験で言うと、笑わない人ほど病気になりやすいようです。

バカ笑いをして大声で笑える人ほど、病気が少なく、健康のようです。

笑わない人ほど、どうも体をこわしやすい。笑えば笑うだけ、健康になるようです。「一笑い、二〇〇〇」と言います。一回笑うと、ガン細胞が二〇〇〇個死ぬ。これが「笑い」の効能。

だから、「バカは風邪を引かない」というのは、ほんとうのようです。「バカ」というのは、大声で笑って、もう何でもかんでも、「カンラ、カンラ、アハハハ」と大声で笑っている人。

「お前、バカじゃないの、そんな大笑いして」という意味でのバカです。

屈託なく、ほんとに明るく楽しく笑うという意味での、バカ笑いができる意味で、「バカは風邪を引かない」は、ほんとうだと思います。笑うことで、身体や健康の問題はかなりの部分、改善されるようです。

「か」——感謝

感謝することで片づくのが、対じん関係です。

「対じん関係」とは、対人と対神、の両方です。

ここはちょっと重要なポイントなのですが、神社仏閣に行って、お願いやお祈りをする。自分の夢や希望を叶えてくださいとお願いする――そういうふうに日本人は教わってきたのですが、宇宙的に言うと、そのお願いをした瞬間、実は、神仏を敵に回すことになります。

どういうことかというと、その行為は、いま自分が取り囲まれている状況が気に入らないと言いに行ったと同じなのです。つまり宣戦布告に行ったのです。

例えば、「体のどこそこが悪いので治してください」とお願いに行った。

自分の身体に、悪いところが一、二カ所ある。ところが順調に動いている場所が、九九九八カ所ある。この九九九八カ所に対して、常日頃、一回も手を合わせ、感謝もしていない。「痛いところだけ、なんとか治してください」と言いに行ったということは、九九九八に対する感謝が欠けているということです。

同じように、「収入が少ないので、もっと収入を増やしてください」とお願いしたとする。

神社仏閣に自分の足で行くことができたということは、今日まで食べてこられた、その体を保つことができた、ここまでやって来る交通費も払えた、来るだけの時間的なゆとりも取れた——そういうことです。

その意味でいうと、それだけでもすごく恵まれています。ほんとうに恵まれていなければ、神社仏閣に来ることさえできません。経済的にあるいは身体的に、それが許されない人さえいるのです。それなのに、もっと売上を上げてくれとか、利益を確保させてくれというお願いは、いま十分に食べられるようにしていただいているという現実を超えて、「もっともっと、まだまだ」という「驕り」となります。結局、そうしたお願いは、神に対して宣戦布告になっている。

学校教育でそういうことをずっと教え込まれてきたのですが、夢や希望にあふれた生活というのはよく考えてみると、それ自体が、「あれが足りない、これが足りない」と不足を挙げ連ねること。「まだまだ、もっともっと」と言い続けているということにほかならない。

すでに一度書きましたがくり返します。

「感謝」ということの意味を、広く大きく宇宙的に見つめていくと分かってくるのですが、人間は、何かが思うようになっていないと、思いどおりになっていないことだけを挙げ連ねるものです。仕事も、対人関係も、健康も。しかし多くの場合、不足している以外の九九九九カ所は、スムーズにいっている。

そのことに対して、一度も、一カ所にも手を合わせたことがなく、感謝をしたこともない。

どこか不調だったり、お金がうまく流れていかなかったり、集まってこなかったら、「たまには感謝をしてみたら？」という宇宙からのメッセージととらえたらどうでしょうか。「ああ、そうか。足りないことをもっと寄こせ、もっと寄こせ、ではなく、これまでほんとうにたくさんにいただいたことに、感謝が足りなかった」と、気がつくかもしれません。

何かが叶ったから、手に入れたいものが手に入ったから感謝するという感謝は、実はほんとうの感謝ではありません。それは感謝ではなく、我欲が満たされたというに過ぎない。

我欲が満たされたら、また次の要求をして、さらにその我欲が満たされたら感謝する――これは、ほんとうの感謝ではないように思います。

「感謝」とは、すでにいただいている九九九九のものに対して気づくこと、手を合わせること。それができるようになると、何かを叶えてくれとか、何かを手に入れたいなどとは考えなくなります。

だから、神社仏閣はお願いに行く場所ではなく、お礼を言いに行くところ。

むろん、神社仏閣にお礼を言いに行ってもいいのですが、空に向かって、宇宙に向かって、神に向かって感謝をするのであれば、神社仏閣に行く必要はありません。わざわざ行かなくてもいい。家の中に居ても、車の中でも、電車の中でも、いくらでも手を合わせて感謝することはできます。

神のプレゼントの意味

この「感謝」ということの本質は、どうもラテン語という古いヨーロッパの言語を考えた人が、次のように気がついたようです。パースト（past）が過去、現在（present）がプレゼント、未来がフューチャー（future）。

神の立場からすると、今あなたにあげているもの全部が、神のプレゼント。要求をぶつけて、「何か欲しい、寄こせ」と言っている人がいたら、神はそういう人間にさらなるプレゼントはしない。

いま目が見えること、耳が聞こえること、食べられること、話せること、歩けること――そういうことの一つひとつ、いま自分が一身に受け浴びているものが、実は全部、神からの、宇宙からすでにいただいているプレゼントです。いま受けて、浴びているものがプレゼントなのであって、いま手に入ってないものを「寄こせ、寄こせ」と言い、それが手に入った場合だけ「プレゼント」だ、というのでは失礼です。

だから、ラテン語で「プレゼント」という言葉を最初に考えた人はすごい人でした。そのプレゼントという言葉が市民権を得るためには、絶対的に庶民の支持が必要だったのですが、当然、庶民もそういうふうに考えて受け容れたのでしょう。プレゼントとは、現在浴びているものが全部、神のプレゼントであって、手に入っていないものを挙げ連ねて、それが手に入ったら、はじめてプレゼントをもらったと考えるのは、方向としては違うらしいのです。今そこにあるものがプレゼント。神からいただいた最大のプレゼントは、ただいま現在、自分が受けているもの、という意味だと思います。

私の友人に、幼い子供を癌で亡くし、それ以来、私の本を読んで立ち直り、小林の言っていることは本物だからということで、「ありがとう」をずうっと言い続けた結果、二千万回を超えた人がいます。

彼はこう言いました、「二千万回、〈ありがとう〉を言い終えるとどういう心境になるか。幸せのほんとうの意味が分かった」と。

幸せとは何か……。神が最高のプレゼントをくれているということに気がついたのです。ありがとうを二千万回超えた人には、神が祝福のプレゼントをくださっているのです。これからくださる予定ではなく、すでにくださっているということに気がついたのです。
最高のプレゼントとは何か——何も起きない、淡々とした日々が続き、普通の生活が、普通に時間が流れ、ごく普通に、当たり前に過ぎていくこと、それが「最高の幸せ」だということ……。

釈迦の教えは、「感謝」だった

そういうことを、お釈迦さまはご存じだったように思えます。

そういう淡々とした暮らしに対して、感謝をすること——それが受け容れるということでしょう。

いま目の前に起きている最高の幸せとは、

淡々とした何も特別なことがない日々、普通に家族がいて、普通に仕事があって、普通に食事ができて、普通に歩くことができて——それが、とんでもなく幸せなんだ……

ということです。

それが分かったら、目の前の現象について、「これが気に入らない、あれが気に入らない」とは言わなくなります。感謝の心が増してくると、文句を言わなくなる。そして、突き詰めていくと、夢や希望もなくなる。

「感謝」プラス「夢や希望」の総和を、一〇〇とします。「夢や希望」が九〇なら、「感謝」が一〇になり、「夢や希望」が一〇なら「感謝」が九〇になる。「夢や希望」がゼロになると、「感謝」が一〇〇になる。

これが最高の至福の時。私は人生の中で最高の幸せをずうっと味わいながら生きていて、至福の時をずっと味わっています。

そこでは、何にも特別なことは起きていない。普通の日々が、普通に続いているだけなのです。

今朝、トイレで出るものが出ました。きのうは出なかった。忙しいと時間に追われたり、生活が不規則だったりして、出ない日もあるのです。それが普通に出てくれただけで、「ああ、幸せ」と、私はトイレの中で手を合わせました。もちろん、そのあとちゃんとトイレ掃除もしてきました。出るものが、ちゃんと普通に出ること――ありがたいことです。

出るものが出るように、体がちゃんと機能してくださってありがたい。当たり前のことが、当たり前のように流れていく――それが、最高の幸せなのです。

本質的な感謝とは、すでに与えられているものに対して感謝を続けること。人格論や宗教論や観念論ではなくて、物理的にそちらのほうが絶対に幸せで楽しい。そこに気がついた人は、ずうっと至福の時の中にいることができるのです。

お釈迦さまは、この世の悩み・苦しみは、「思いどおりにならないこと」と見抜きました。

「般若心経」という、どうしても後世に伝えたかったお経の中で、
「五蘊（色・受・想・行・識）は空なり」と言いました。
だから、「受け容れればいい」と言いました。
受け容れることの最高の形態は、感謝すること。
「有難《うなん》」という表現で、「ありがとう」と感謝することが大事だよと言いました。
「人の生を受くるは難く　限りある身の　今　命あるは　有り難し」
という言葉を遺しました。
そうしてみると、釈迦の教えは、「ありがとう」という感謝だったのです。

ありがとう。

小林正観（こばやし・せいかん）

1948年東京深川生まれ。中央大学法学部卒。心理学・社会学・教育学博士。作詞家＆歌手。学生時代よりＥＳＰ現象、超常現象などに興味を抱き、旅行作家のかたわら、コンセプター（基本概念の提案者）として、「ものづくり」「人づくり」「宿づくり」「町づくり」などに関わっている。

著作に、『22世紀への伝言』『こころの遊歩道』『こころの宝島』『生きる大事・死ぬ大事』『幸せの宇宙構造』（弘園社）『宇宙方程式の研究』（風雲舎）『お金と仕事の宇宙構造』『究極の損得勘定』『究極の損得勘定Part2』（宝来社刊）『宇宙を味方にする方程式』（致知出版社）など多数。

釈迦の教えは「感謝」だった

初刷　二〇〇六年四月二十五日
十六刷　二〇二五年七月十七日

著者　小《こ》林《ばやし》正《せい》観《かん》
発行人　山平松生
発行所　株式会社　風雲舎
〒162―0805　東京都新宿区矢来町122　矢来第二ビル
電話　〇三―三二六九―一五一五（代）
FAX　〇三―三二六九―一六〇六
振替　〇〇一六〇―一―七二七七六
URL　http://www.fuun-sha.co.jp/
E-mail　mail@fuun-sha.co.jp
印刷　真生印刷株式会社
製本　株式会社　難波製本
落丁・乱丁本はお取り替えいたします。（検印廃止）

ＩＳＢＮ4－938939－42－8

風雲舎の本

『宇宙方程式の研究』

——小林正観の不思議な世界——

小林正観 vs. 山平松生

●不思議な人——そのプロフィールと思想——

年間300日ほど、全国をひょうひょうと旅して辻説法を重ねている人。人相・手相をよく見る人。超能力研究家。膨大な統計学から、この宇宙にある方程式を見つけだす人。人の幸福、こころのありようをそれと知っている人。宇宙人のような人？　とにかく不思議な人なのです。不思議な人（正観さん）に、フツーの人が「あなた、いったい何者？」と一年がかりで交わしたQ＆A。

小林正観入門必読書

〈B6ソフト　定価1500円（本体1429円＋税）〉

【本書の内容】
●不思議な人（透視／人の死が見えた／自我がなくなると望みが叶う）●ある転機（不幸や悲劇は存在しない。ただそう思う心があるだけ／あるコペ転／すべては必然、投げたものは帰ってくる）●生まれ変わり（人生のシナリオを書いたのは誰か／魂の進化）●超能力から「ありがとう」へ（「う・た・し」の原理）／一日千回のありがとう／トイレ掃除／実践者●自分が太陽になる（自分が悟ればいい／使命感というやっかいなもの／未知なる世界への旅人）●「ありがとう」の時代（今を生きる／お釈迦さまとの出会い／「ありがとう」の時代）